Aberta a todas as correntes do pensamento, esta coleção integra autores modernos e textos fundamentais que vão da filosofia da linguagem à hermenêutica e à epistemologia.

BIBLIOTECA DE FILOSOFIA CONTEMPORÂNEA

1. *Mente, Cérebro e Ciência*, John Searle
2. *Teoria da Interpretação*, Paul Ricoeur
3. *Técnica e Ciência como Ideologia*, Jürgen Habermas
4. *Anotações sobre as Cores*, Ludwig Wittgenstein
5. *Totalidade e Infinito*, Emmanuel Levinas
6. *As Aventuras da Diferença*, Gianni Vattimo
7. *Ética e Infinito*, Emmanuel Levinas
8. *O Discurso da Acção*, Paul Ricoeur
9. *A Essência do Fundamento*, Martin Heidegger
10. *A Tensão Essencial*, Thomas Kühn
11. *Fichas (Zettel)*, Ludwig Wittgenstein
12. *A Origem da Obra de Arte*, Martin Heidegger
13. *Da Certeza*, Ludwig Wittgenstein
14. *A Mão e o Espírito*, Jean Brun
15. *Adeus à Razão*, Paul Feyerabend
16. *Transcendência e Inteligibilidade*, Emmanuel Levinas
18. *Ideologia e Utopia*, Paul Ricoeur
19. *O Livro Azul*, Ludwig Wittgenstein
20. *O Livro Castanho*, Ludwig Wittgenstein
21. *Que É Uma Coisa?*, Martin Heidegger
22. *Cultura e Valor*, Ludwig Wittgenstein
23. *A Voz e o Fenómeno*, Jacques Derrida
24. *O Conhecimento e o Problema Corpo-Mente*, Karl R. Popper
25. *A Crítica e a Convicção*, Paul Ricoeur
26. *História da Ciência e suas Reconstruções Racionais*, Imre Lakatos
27. *O Mito do Contexto*, Karl R. Popper
28. *Falsificação e Metodologia dos Programas de Investigação Científica*, Imre Lakatos
29. *O Fim da Idade Moderna*, Romano Guardini
30. *A Vida é Aprendizagem*, Karl R. Popper
31. *Elogio da Teoria*, Hans-Georg Gadamer
32. *Racionalidade e Comunicação*, Jürgen Habermas
33. *Palestras*, Maurice Merleau-Ponty
34. *Cadernos, 1914–1916*, Ludwig Wittgenstein
35. *A Filosofia no Século XX*, Remo Bodei
36. *Os Problemas da Filosofia*, Bertrand Russell
37. *Ética da Autenticidade*, Charles Taylor
38. *Bios. Biopolítica e Filosofia*, Roberto Esposito
39. *A Luta pelo Reconhecimento*, Axel Honneth
40. *Amor e Justiça*, Paul Ricoeur
41. *Vivo até à Morte* seguido de *Fragmentos*, Paul Ricoeur
42. *O Aberto. O Homem e o Animal*, Giorgio Agamben
43. *Temperamentos Filosóficos*, Peter Sloterdijk
44. *Deus, a Morte e o Tempo*, Emmanuel Levinas
45. *A Simbólica do Mal*, Paul Ricoeur
46. *A Arqueologia do Saber*, Michel Foucault
47. *Diálogo sobre a História e o Imaginário Social*, Paul Ricoeur e Cornelius Castoriadis
48. *Mobilização Total*, Maurizio Ferraris
49. *De Fora. Uma Filosofia para a Europa*, Roberto Esposito
50. *Os Mestres da Humanidade*, Karl Jaspers
51. *Conjeturas e Refutações*, Karl Jaspers
52. *O Que É o Conhecimento*, Tommaso Piazza
53. *O Homem Falível*, Paul Ricoeur
54. *Filosofia, Ética e Política*, Paul Ricoeur
55. *Sobre o Novo Radicalismo de Direita*, Theodor W. Adorno
56. *A Resistência Íntima*, Josep Maria Esquirol
57. *Porque não Sou Cristão*, Bertrand Russell
58. *Nos Cumes do Desespero*, Emil Cioran
59. *Sexo e o Absoluto Falhado*, Slavoj Žižek
60. *Metafísica da Verdadeira Felicidade*, Alain Badiou
61. *A Experiência Interior*, Georges Bataille
62. *Breviário de Decomposição*, Emil Cioran
63. *As Palavras e as Coisas*, Michel Foucault
64. *Os Anormais*, Michel Foucault
65. *Lágrimas e Santos*, Emil Cioran
66. *Para Uma Moral da Ambiguidade*, Simone de Beauvoir
67. *Kant e o Problema da Metafísica*, Martin Heidegger

A Penúltima Bondade

Título original:
La penúltima bondat by Josep Maria Esquirol Calaf

Tradução:
Jorge Melícias

Revisão:
António Barrancos

Capa:
Edições Almedina

ISBN 978-972-44-2774-4

Depósito Legal n.º

Paginação:
MA

Impressão e acabamento:
???????

para
EDIÇÕES 70
Novembro 2023

EDIÇÕES 70, uma chancela de Edições Almedina, S.A.
Avenida Emídio Navarro, 81, 3D
3000-151 Coimbra
e-mail: editoras@grupoalmedina.net

Josep Maria Esquirol

A Penúltima Bondade

TRADUÇÃO DE JORGE MELÍCIAS

70

I

Aqui, na periferia do paraíso impossível

Não fomos expulsos de nenhum paraíso. Sempre estivemos fora dele. Na verdade, e felizmente, aqui, *o paraíso é impossível.* A nossa condição é a de *periferia.* Uma periferia muito singular, porque não se encontra definida a partir de nenhum centro. Aqui, na periferia, a génese e a degeneração, a vida e a morte, o humano e o desumano — porque só o humano pode ser desumano —, a proximidade e a indiferença.

Aqui, na periferia, viver é sentir-se vivendo.

Aqui, na periferia, não há nem plenitude nem perfeição. Mas sim afeção infinita — mistério — e desejo.

Aqui, na periferia, o mal é muito profundo, mas a bondade é ainda mais profunda.

Aqui, na periferia, o que mais importa não são os primórdios imemoriais, mas sim o chão, a base.

Aqui, na periferia, nada faz mais sentido do que o amparo e a generosidade.

Aqui, na periferia, é extremamente difícil movermo-nos meio palmo na direção certa. Esse meio palmo na direção da comunidade fraterna viva.

Aqui, na periferia, não nos limitamos a viver, somos também *capazes de vida.*

A condição humana é a de periferia do paraíso impossível.

No paraíso impossível havia todo o tipo de animais, exceto vacas.

Não o paraíso, mas a génese

O paraíso terrestre é a imagem plástica que corresponde ao conceito de plenitude e de perfeição. Mas querer compreender o humano em termos de plenitude conduz a um beco sem saída. A *situação* humana, a *condição* humana, não se define com base em qualquer perda ou afastamento da plenitude paradisíaca, áurea ou natural.

No entanto, na periferia, na *nossa* periferia, não é verdade que «há o que há, e isso é tudo». Tal sentença lapidar não descreve de todo esta comarca de que falamos, porquanto o que há de mais humano expressa-se decisivamente com a geração e, em particular, com a gratuidade da geração chamada *generosidade* ou *bondade.* Uma generosidade, a da periferia, que nunca vai de cima para baixo — porque ninguém está acima de ninguém —, mas sempre de um lado para o outro. Que existir seja, em parte, resistir, entende-se *tendo em vista* a geração; resistimos porque a vulnerabilidade amparada é capaz de amadurecer, de criar e de dar. A resistência íntima é, ao mesmo tempo, amparo e esperança na geração. Com raminhos de azevinho, os antigos horticultores protegiam a muda recém-transplantada para que pudesse resistir às intempéries. Também nós nos resguardamos, para resistir. E o horizonte da resistência são a criação e a generosidade. Ainda que, na realidade, amparar os outros seja já o primeiríssimo exercício da generosidade.

E precisamente porque a geração é aquilo que nos é mais próprio, o pior e o mais inquietante reside nas mil formas de *degeneração.* A *violência* é a principal, e o seu alcance é vastíssimo: vai desde os homicídios mais pavorosos e as humilhações mais brutais até às inúmeras modalidades, manifestas ou encobertas, da injustiça e da indiferença.

Mais do que averiguar os primórdios paradisíacos, pensar a condição humana exige que dirijamos a nossa atenção para a *base,* que nos voltemos para o mais fundamental. Porque a *génese* não se encontra necessariamente no início de uma série: ela ocorre tanto no início como no fim, em qualquer lugar e em qualquer tempo. A génese acontece sobretudo ali, onde a vida pessoal pulsa e circula com intensidade; ali, onde a vida se sente; ali, onde a vida se ilumina. A génese acontece aqui. Mas, paradoxalmente, não é nada fácil acercarmo-nos deste aqui. Fazê-lo constitui todo um programa de esforço filosófico; um *método* filosófico, poder-se-ia dizer, literalmente, caminho da *ingenuidade*. Porque o significado elementar da palavra *ingenuidade* é precisamente este: *in-genuidade*, «perto da génese», «em direção ao foco da génese». É por isso que se diz que as crianças são «ingénuas», porque ainda estão próximas da génese como nascimento. Entenda-se bem: não se trata de reivindicar um olhar supostamente infantil, virgem, ainda não adulterado, mas sim do afã de observar bem a base, o chão, o fundamento. A ingenuidade reivindicada não coincide nem com a banalidade nem com a pureza angélica. O olhar filosófico, o olhar atento e o olhar ingénuo tornam-se sinónimos.

Para nos aproximarmos da génese, podemos prestar atenção ao que vivemos e ao que vemos — que vemos porque vivemos —, e podemos também valer-nos dos grandes símbolos — que são «grandes» porque foram forjados junto à base. Símbolos destacadíssimos são, por exemplo, os que aparecem nas tragédias de Sófocles ou nos primeiros capítulos do Génesis bíblico. Comentá-los é um exercício de ingenuidade. Como dizia Paul Ricœur, o símbolo dá que pensar; dá algo, e esse algo que dá é algo sobre o que pensar e que, ao mesmo tempo, se converte em vitamina do pensar. Há uma continuidade entre o símbolo e a descrição da paisagem humana; uma continuidade entre a interpretação do símbolo e a observação da vida. A literatura e a poesia são as maiores beneficiárias de tal continuidade. Neste livro, a referência ao simbólico servirá sobretudo para tratar do paraíso impossível, no âmbito do qual pode ser muito sugestivo referirmo-nos ao olhar perdido de Adão e ao enfadado gesto de Eva, que, depois de fazerem amor e de terem comido o fruto de um grená muito intenso, sentiram a inquietação de antecipar um amanhã muito igual a ontem.

Não apenas nunca existiu nenhum paraíso terrestre, nem virá a existir, como o imaginário que trabalha nesse sentido acaba sempre por se estilhaçar e dar azo ao oposto daquilo a que aspirava. Ao querer descrever-se a plenitude, produz-se o inóspito. Nem a perfeição nem a plenitude são deste mundo. É por isso que não existem nem primordiais idades de ouro nem utopias que se realizem no fim da história; nem paraísos perdidos nem avenidas de cidades felizes. Na melhor das hipóteses, essas referências não passam de recursos e mediações teóricas. A atenção deveria centrar-se na periferia, nas nossas periferias e na afeção infinita que em nós as permeia, bem como em dedicar toda a nossa energia em deslocarmo-nos apenas meio palmo em direção à comunidade fraterna que vive.

A luz da periferia

O mundo não é uma caverna, embora existam cavernas escuras no mundo. A melhor luz do mundo — a melhor luz da periferia — é claridade e penumbra. Damo-nos bem com ambas, e celebramos ambas.

Nem o mundo é uma caverna nem nós somos os seus prisioneiros. Daí a conveniente precaução ante os esquemas ascensionais que descrevem a periferia como se fosse um recetáculo fechado do qual urgiria encontrar uma via de escape. Em *Le Dépeupleur*, de Samuel Beckett, temos um exemplo contemporâneo deste esquema: conta-se aí que os humanos vivem dentro de uma espécie de cilindro e que falham reiteradas tentativas de fuga. O gnosticismo, com as suas múltiplas variantes, foi o grande difusor de semelhante ideia. Cuidado, pois, com o isomorfismo, sem matizes, da luz, do conhecimento e da ascensão.

Demasiada luz ofusca, não nos convém. Claridade, sim; foco de luz branca, não. Demasiada luz engole tudo. O excesso de luz engole tudo, tal como a escuridão. Há muito pouca diferença entre o branco e o preto. Ambos os domínios são insuportáveis: fugimos tanto do negrume compacto como da intensidade de um relâmpago. A nossa capacidade de ver e de viver reclama uma claridade como a do meio da tarde ou uma penumbra como a do crepúsculo. Saudamos a claridade *intermédia*, assim como a tíbia luz que acaricia a superfície do mundo. Com o esquema ascensional, o céu é frequentemente imaginado como um caudaloso manancial de luz branca. Mas, se houver um novo céu, ele deverá ter uma luz semelhante à dos nossos dias. É claro que não se trata apenas de luz para os olhos: há uma claridade dos sons, especialmente das palavras. Daí que haja palavras *claras*, mesmo *luminosas*; palavras que ilustram, que orientam e, admiravelmente, que ensinam; palavras que, enquanto perfeitamente *genuínas*, distam o mesmo do estrondo e do abafado ruído de fundo.

Quando a luz intermédia se converte em calor, aparecem então palavras *cálidas*, *sentidas*, reveladoras de que a essência da linguagem é o amparo. É possível que, de um modo geral, no esforço de nos compreendermos uns aos outros, tenhamos dado demasiado protagonismo à visão. Na periferia, há que fazer com que o olhar, e até mesmo o ouvido, se deixem levar pelo tato, cujas modalidades se bastam com a penumbra.

O mundo não é uma caverna. Há cavernas no mundo: isolamento, escuridão, miséria...; em todas elas se anseia por luz e calidez. A claridade da periferia leva, por contraste, ao desconsolo causado pelas trevas, que, frequentemente, também pairam sobre a periferia. A amabilidade e a graça pertencem à luz intermédia; só com o seu favor há coisas que podem ser vistas, ou ser mais bem vistas, do mesmo modo que há coisas que devem ser sussurradas ao ouvido — e que nada ficam a dever aos discursos proferidos com potentes altifalantes. Na periferia, portanto, vivemos de claridade, de penumbra e de sussurros; de sussurros de palavras cálidas que vibram cordialmente. Se alguma vez alguém conseguiu mover uma montanha, não terá sido à força de gritos, mas sim com o mais despojado e sentido dos verbos.

A afeção na periferia

«As últimas coisas»: um campanário, um cemitério. Últimas coisas que podem ser — que são — eventualmente substituídas por elementos mais neutros e asséticos. Na periferia, há um lugar semelhante a muitos outros. Do campanário da aldeia, uma viela por onde se transita agradavelmente desemboca no caminho que serpenteia até à colina, onde repousa o cemitério. Sempre como pano de fundo, uma cadeia de montanhas de tamanho médio define o poente que vai somando os dias e as noites. Contudo, acima, o céu aberto preside a todos os começos, amanheceres e nascimentos, assim como a todos os finais, entardeceres e enterros. As breves vidas dos mortais são como sendeiros de silêncios e de cânticos, de blasfémias e de preces, de deceções e de esperanças.

Há uma grande pressão para reduzir tudo isso a simples factos e a dados. Mas a vida resiste a essa redução. No fundo, cada pessoa é um acontecimento inefável. É um facto que hoje choveu. Pode parecer que o nascimento de alguém é também um facto. No entanto, o facto de nascer uma criança, de ser acolhida e chamada pelo seu nome é um acontecimento para todos os que ali estão ou que são próximos. Mas que nasça uma criança e ninguém lhe dê nome, nem lhe dirija palavra, nem a ame, é também um acontecimento, neste caso trágico. Um acontecimento é um facto *transbordante de significado*, ou um facto cujo significado exige uma resposta; resposta essa que, eventualmente, pode estar ausente. «Transbordante de significado» indica a irredutibilidade à mera observação ou à explicação causal. É evidente que existe uma explicação causal: esta criança nasceu porque a sua mãe estava grávida; esta pessoa morreu porque teve um acidente... No entanto, a pertinente explicação causal não esgota o significado. As celebrações, as blasfémias, as preces e as lamentações têm que ver com essa sabedoria imemorial que não reduz o significado. Celebrações, blasfémias, preces e lamentações são a expressão espontânea, mas profunda, de que o mundo humano vai além dos simples factos.

Pela mesma razão que nem tudo é redutível a factos, tão-pouco tudo pode ser reduzido a problemas. Ou seja: existe o problemático que, no entanto, não é um problema. Mas então como chamá-lo? Apesar do lastro que acumula — por causa dos montes de disparates contados sob o seu nome —, há que resgatar a palavra *mistério*. Nesse esforço, pode animar-nos o facto de autores tão diferentes como Gabriel Marcel ou Walter Benjamin também terem optado por usá-la. O problema é suscetível de resolução, o mistério não. O problema é objetivo, isto é, temo-lo diante de nós; o mistério prende-nos e envolve-nos: estamos nele. O problema exige engenho para a sua resolução (desde como fazer fogo até como nos instalarmos em Marte); o mistério reclama atenção e respeito. O tempo, a vida humana ou a presença do outro têm que ver com o mistério. Uma pista e, ao mesmo tempo, uma consequência do mistério é a rutura ontológica: nem tudo é o mesmo. E daí surge a mais radical denúncia da *indiferença*. Os sentimentos mais fortes da nossa vida são os relacionados com o mistério. Quando este é anulado ou ignorado, a vida é diminuída. Daí que a «transparência» seja a enfermidade do nosso tempo. Nesse sentido, Benjamin dizia que «as coisas de vidro não têm aura» ou que «o vidro é inimigo do mistério» ([1]). Obviamente, «vidro» significa aqui plena transparência e exposição. O erotismo é afim

---

([1]) Walter Benjamin, «Experiencia y Pobreza», em *Discursos Interrumpidos I* (tradução de Jesús Aguirre), Madrid, Taurus, 1973, pp. 167–173.

do mistério. A pornografia, a total transparência. A humilde casa de campo, com janelas de vidro, ou a pequena galeria urbana ao ar livre, têm «aura». Mas os edifícios feitos inteiramente de vidro, não. Por isso, reduzir tudo a um problema ou a um facto pressupõe a transparência potencial, e implica uma agressão encoberta à vida. Podemos também compartilhar com Benjamin a distinção entre mistério e enigma, ao mesmo tempo que assumimos a lição de não abusarmos das imagens e das representações metafóricas (apesar de contarmos com elas e de as valorizarmos muitíssimo):

> «A alegoria conhece muitos enigmas, mas nenhum mistério. O enigma é um fragmento que forma um conjunto com outro, no qual encaixa. Sempre se falou de mistério com a imagem do véu, que é um velho cúmplice da lonjura.»(2)

O mistério quanto ao que nos envolve é velado, e notamo-lo como uma lonjura muito peculiar: lonjura tão próxima que nos afeta até à medula; lonjura próxima, ou presença de uma ausência.

No entanto, há já algum tempo que os intelectuais e a academia, de costas viradas para o mistério, se gabam de dar o assunto por encerrado. E o contexto social parece conformar-se com isso, como se, emancipados do velho lastro, pudéssemos, por fim, presumir a limpa, poderosa e rigorosa redução à explicação dos factos. Por vezes, leituras prematuras e superficiais de Nietzsche fazem de primeiro respaldo. Mas como é que as palavras desse gigante podem ser entendidas à margem do seu duro combate? Heidegger observa, com toda a pertinência, que o louco que, no texto nietzschiano, anuncia a «morte de Deus» é o mesmo que anda pelas ruas a gritar «Procuro Deus». Esse louco nada tem que ver com os indiferentes acomodados, que já não procuram. Por vezes, porém, o mal-estar está contido e palpita subterraneamente. O processo é interior. Não me refiro apenas ou estritamente ao «tema» de Deus, em que Deus é já um termo de discussão teorética e, portanto, abstrata, mas à experiência da vida. Não há razão para dissimular as fissuras da experiência da vida, nem para agir como se não existissem: elas não podem nem ser tapadas nem ocultadas, porque voltam a aparecer.

---

(2) Walter Benjamin, *Libro de los Pasajes* (j 77 a, 8) (tradução de Luis Fernández), Madrid, Akal, 2005, p. 371.

As fissuras revelam que o mistério constitui a vida; que não existe um Todo homogéneo que, virtuoso, desdobre diferenciações de segunda ordem. A vida é o ajuntamento — a relação — entre o finito e o infinito, entre o que abarcamos e o que nos ultrapassa, entre o visível e o invisível, entre o mesmo e o outro. A vida — a vida que se vive — não pode ser descrita apenas pelas categorias aplicadas a tudo o que é, que conhecemos e que podemos constatar, mas exige a referência ao *infinito* ou ao *outro*.(3) Assumo as categorias filosóficas de *infinito* e de *alteridade* — que podem ser equivalentes ou mesmo articuladas: *infinito-alteridade* — para traduzir «mistério», de carácter mais coloquial e tradicional. A alteridade a que a vida remete não está diante de nós, não é um tema, não a podemos representar para nós próprios, mas afeta-nos e comove-nos. É, por exemplo, e eminentemente, a alteridade do tu, a alteridade do outro, a alteridade do outro que está ao meu lado e que, como um bisturi, me abre à alegria ou ao sofrimento.

Simplicidade e profundidade

Quem não perceber o mais simples, tão-pouco sentirá o mais profundo. Paralelamente, uma cultura afastada da simplicidade é também uma cultura afastada da profundidade. É isso que, cada vez mais, está a acontecer com a nossa cultura. Estará a civilização do progresso e do sucesso científico completamente desorientada enquanto cultura da vida? Serão o consumismo exasperado, o mal-estar contido e a violência, pelo menos em

(3) Estas categorias correspondem, em parte, às de *heredotes* (heterogéneo, diferente) já cunhadas por Platão em *O Sofista* (258 b). Ali, o grande filósofo elabora uma teoria para tratar o não-ser como o outro (diferente) do ser. Evidentemente, Platão apresenta-o num registo lógico e epistemológico, enquanto agora, aqui, interessa-nos a utilização do termo *alteridade* num sentido existencial. A estratégia a seguir para que tais categorias não se tornem tão estranhas consiste em relacioná-las com a experiência da passividade e do transbordamento, ou seja, com aquilo que nos afeta intimamente e que, no entanto, não conseguimos assimilar. Trata-se da mesma estratégia que propõe Ricœur: «o garante *fenomenológico* da metacategoria da alteridade é a variedade de experiências de passividade, mescladas de múltiplas formas no agir humano», Paul Ricœur, *Sí Mismo como Otro* (tradução de Agustín Neira), Madrid, Siglo XXI, 1996, p. 352.

parte, sintomas de tamanha desorientação? Há um avanço do abstrato que esvazia e aliena a vida. Talvez se aproxime o dia em que, por causa dessa alienação, o mal-estar se torne insuportável e sejam necessárias toneladas de drogas e de distrações para nos mantermos constantemente atordoados.

A cultura que reduz tudo a factos e a dados é uma cultura míope e, por isso mesmo, decadente. Porque é conveniente saber que a decadência de uma cultura não se deve tanto à falta de habilidade para enfrentar as dificuldades e os assuntos mais abstrusos, mas à sua desconexão do simples. Cúmulos de complexidades artificiais, mas um distanciamento do simples e do profundo. Encontramos simplicidade poética no trabalho bem feito, no gesto antigo de cada um dos ofícios. Encontramos simplicidade poética no uso das palavras na linguagem coloquial. Encontramos simplicidade poética na compreensão normal e sensata das coisas e nas definições costumeiras. Os estudantes universitários de hoje ficam surpreendidos, por exemplo, com o que encontram quando lhes é pedido que procurem no dicionário o adjetivo *verde*([4]). A primeira aceção diz assim: «De cor semelhante à da erva fresca.» E não se trata de nenhuma metáfora. Muito poucos esperariam uma coisa desse género, quando, no entanto, essa é a definição mais simples, a mais evidente e a mais essencial. Da cor da erva fresca: a simplicidade de uma definição do dicionário, entre tantas outras, converte-se inesperadamente em doçura para os ouvidos e em música para a alma. Talvez alguém, já extraviado, possa pensar que se trata de uma definição pouco científica; sem se dar conta, engrossa as fileiras do desconcerto atual. Toda e qualquer definição «científica» será sempre secundária em relação à primeira aproximação experiencial ao mundo da vida, que consiste em assinalar o que se vê ou em expressar o que se vive. Frequentemente, fica-se com a impressão de que alguns autores de livros do ensino secundário ou de manuais universitários relacionados com as novas disciplinas pretensamente científicas (ciências económicas e empresariais, ciências sociais e políticas, ciências da educação e da aprendizagem, ciências da comunicação...) perderam não a inspiração mas o discernimento, porque o conhecimento mal digerido ofuscou o seu acesso primordial ao sentido das coisas. Continuam a propor definições com ar de

([4]) *Diccionario de la Lengua Española*, Madrid, RAE, 1992.

cientificidade, ao invés de manterem a compreensão elementar. Desligaram-se da base e pululam dentro do nimbo da confusão, cujas dimensões ajudam a ampliar incorporando os jovens recém-chegados. Desolador.

A desconexão do simples é desconexão da génese.

Conhece-se o verde quando se vê a erva fresca crescer nos limites da horta, entre os sulcos, ou a brotar nos estreitos espaços das margens de pedra seca. Ou a que ainda nasce nos passeios da cidade, ou entre os paralelepípedos das ruas antigas. Van Gogh dizia que queria aproximar-se da natureza, mas também dizia que queria, a par dessa aproximação, ir mais além. Isto é o que acontece: quem for capaz de ver a cor da relva estará já no limiar da profundidade que ela esconde.

Uma renovada fidelidade ao elementar e ao concreto é muito conveniente para nós. Essa é a principal incumbência de uma filosofia da proximidade. Pertencemos a uma época em que é relevante atentar nas rachas que se insinuam na parede por ação da água da chuva; pertencemos a uma época em que basta perceber a inexprimível espera que vem ao de cima quando sentimos o cheiro da terra molhada pelo orvalho; pertencemos a uma época em que somente prestando atenção o mais importante poderá ser alcançado. Assim, por exemplo, unicamente a atenção ao simples permite entender o simbólico; só a atenção prestada à experiência da vida dá acesso ao sentido que o símbolo quer condensar. Com atenção, rapidamente se compreende porque é que o céu azul é uma imagem-símbolo elementar que pode significar serenidade, calma, paz, imensidão e leveza; rapidamente se compreende porque é que o céu não tem história — no seu seio, o tempo dorme — e por que razão é como um presente «eterno» que, no entanto, apesar da sua claridade, não é transparente; e rapidamente se compreende porque é que, precisamente por não ser transparente, não se oferece ao raciocínio explicativo mas sim à imaginação.

E se existisse uma conexão entre a incapacidade para nos darmos conta da simplicidade e o défice de generosidade? Então, apenas renovando o nosso olhar saberíamos voltar a receber e a dar. Na renovada fidelidade ao elementar, na humildade da terra, aprende-se a escutar e a ser um ouvinte atento. E aprende-se também a ter paciência, como a daqueles deuses que, como os vedas contam com sentido de humor, faziam fila à espera que chegasse a sua vez de governar o mundo. Deuses com paciência suficiente para esperar pelo seu turno e fazer fila: uma lição exemplar para a seguirmos nós também, não com o intuito de governar o mundo, mas de escutar e admitir. Paciência para incubar uma filosofia e um pensamento da *admissão*.

Saber receber é uma virtude. De facto, é a primeira virtude do dar: a primeira virtude do dar é receber, da mesma forma que a capacidade de falar começa por escutarmos. Tudo vem de *emitir* (*mittere*), que significa «enviar». *Ad-mitir* e *per-mitir* são variações de «deixar chegar». *Ad-mitir* é «deixar vir, deixar entrar o que vem, não nos fecharmos ao advento». Admitir passa a ser uma generosidade humilde que leva a mais generosidade. A admissão gera. No admitir e no permitir há uma coincidência entre Heidegger e Lévinas: o primeiro, quando pede para estarmos abertos ao eco do ser, e o segundo, à solicitação que vem do outro. Pese embora as suas fortes oposições, os dois criam filosofias da admissão. Em ambos os autores, podemos vislumbrar um distanciamento desse humanismo que coloca o ser humano no centro de um desenvolvimento e de uma conquista; ambos os autores se voltam para um «aqui» ou para um sujeito capaz de admissão.

A periferia da periferia

Por vezes, a intensidade da vida é ainda maior nas margens, nas margens da periferia ou na periferia da periferia. Enquanto no paraíso impossível não havia vacas, aqui sim, sobretudo no passado.

Na periferia de uma cidade, um humilde pastor de vacas tinha duas vacas. Alguns meses antes, devido a circunstâncias extraordinárias, havia perdido a sua filha. A menina e um amiguinho da vizinhança, que era cego, tinham fugido de casa para se juntarem a um grupo de jovens que, de forma inusitada e partindo da costa francesa, queriam chegar a Jerusalém, para libertar a cidade santa dos infiéis. Corria o ano 1212 da nossa era. Uma tristeza imensa pesava na alma do pastor de vacas, mas, viúvo, não tinha ninguém a quem contar a sua dor. Todos os dias entregava o leite nas casas, mas as pessoas prestavam-se muito pouco à conversa. Com o leite que sobrava fazia requeijão, que também vendia. Nas semanas e nos meses que se seguiram à partida da sua filha, enquanto ordenhava as vacas, também falava com elas. Embora elas mantivessem a sua fisionomia imperturbável, ele confessava-lhes a sua dor e as saudades que tinha da filha.

O nome da filha era Allys. Ela foi uma das muitas raparigas que se alistaram na *cruzada das crianças*. Diz a lenda que, depois de muitos dias na estrada, de mortes por falta de comida e de deserções, as crianças embarcaram em sete navios. Dois naufragaram, e as crianças que iam nos outros — a Allys estava entre elas — foram capturadas e vendidas como escravos após desembarcarem em Alexandria.

Em 1896, o escritor Marcel Schwob fez uma breve mas inspiradíssima recriação literária desta tragédia, com passagens muito impressivas, e é ele quem nos fala da pequena Allys, das razões que a levaram a juntar-se à cruzada e o que é que ela fazia:

> «Há um menino que se chama Eustace, e que nasceu com os olhos fechados. Mantém os braços estendidos e sorri. Nós não vemos mais do que aquilo que ele vê. Uma menina acompanha-o e carrega a cruz por ele. O seu nome é Allys. Nunca fala e nunca chora; mantém os olhos fixos nos pés de Eustace, para o apoiar quando ele tropeça.» ([5])

No momento em que a tragédia se aproxima do seu fim, a pequena Allys diz para si mesma:

> «Já não consigo caminhar bem, porque estamos numa terra ardente, para onde nos trouxeram dois homens maus de Marselha. E antes de chegarmos, fomos sacudidos pelo mar, num dia negro, sob os fogos do céu. Mas o meu pequeno Eustace não entrou em pânico, porque nada via e eu segurava-lhe nas mãos. Amo-o muito e vim até aqui por ele. Porque não sei para onde vamos.» ([6])

De mãos dadas até ao fim.

A fenda da bondade já se revelou na pequena Allys. O seu gesto é o mais humano de todos os gestos humanos: amparo e generosidade.

([5]) Marcel Schwob, *La Cruzada de los Niños* (tradução de Pablo Martín Sánchez), Málaga, EDA, 2012, pp. 38–39.

([6]) *Ibid.*, p. 51.

É improvável que, num mundo por vezes tão hostil, a bondade se manifeste com tanta vivacidade. No fim, a bondade sustenta o mundo, tal como a pequena Allys sustenta o caminhar incerto de Eustace.

Eustace entrará no Céu no preciso momento em que os seus olhos contemplarem Allys. Allys estará no Céu no momento em que os olhos de Eustace olharem para ela, repletos de amor e gratidão, como se ela fosse uma aparição angelical.

Na periferia, a génese, a vida e a bondade pulsam em uníssono. Não há nada mais vivo do que a bondade, nem nada mais essencial do que a generosidade que vive. Nada mais vivo, nada que tenha mais força. Por isso sustenta o mundo humano. Sem a bondade, a escuridão inundaria um mundo que rapidamente se precipitaria no caos abismal.

O sacrifício de Allys é um acontecimento de grande importância. A filosofia só pode ser *a posteriori* se prestar verdadeiramente atenção aos acontecimentos. Alguém acredita que a primeira tentativa da palavra deve ser a de explicar causalmente? Nunca se pretendeu tanto como agora, e o sentido da vida escoa-se e evapora-se. Que explicação tem o gesto e o sacrifício de Allys? Será que a bondade pode ser explicada da mesma forma que se explica porque é que a água congela ou porque é que a Terra gira tão depressa? Allys cuida de Eustace porque é boa e porque o ama. E é boa porque é boa, e ama-o porque o ama.

Apenas a meio palmo

Se nos deslocássemos meio palmo, continuaríamos, todavia, na periferia — para lá da periferia, há periferia —, mas tudo seria diferente. No entanto, esses nove ou dez centímetros exigem um esforço tão grande, ou uma disposição tão especial, que raramente são percorridos. Por vezes, são-no. O deslocamento é, ao mesmo tempo, pessoal, político e religioso, e alude-se a ele através de palavras como *ascese*, *revolução* e *conversão*, respetivamente. À distância de meio palmo. Bem, na verdade, a distância decisiva é de um palmo. Mas não há dúvida de que nós, sozinhos, não podemos percorrê-la toda. O nosso horizonte pessoal e político está a meio palmo.

Há uma continuidade entre a nossa situação e a de meio palmo mais longe. É importante situarmos corretamente este «mais longe». Se imaginarmos um caminho, o meio palmo não é para diante. Se imaginarmos o perímetro de uma circunferência, o meio palmo não está nem para fora nem para o centro. É meio palmo para dentro, para baixo, para o fundo, em profundidade. Deslocamento que, quando feito, nunca se converte numa posse definitiva. Rapidamente volta a ficar pendente, e ter-se-á de repetir tudo de novo. Contudo, tal nunca é em vão, porque de cada vez que esse meio palmo é percorrido, dá frutos. O deslocamento foi realizado por pessoas simples e anónimas; por sábios humildes e por um punhado de filósofos; por revolucionários e por indivíduos politicamente comprometidos; por pessoas com uma vida espiritual autêntica e, acima de tudo, por pessoas boas. Todos eles contribuíram para mudar o mundo, que, no entanto, continua ainda por mudar. Daí a força que continua a ter a vida filosófica, e a política e a religiosa, que não degeneraram.

Pouco é muito; pouco é tudo. Dependendo de como, *quase-nada* pode ser *quase-tudo*. Meio palmo e, agora mesmo, poderíamos habitar uma periferia sem violência, justa e fraterna. Evitaríamos todo o mal que fazemos a nós próprios e enfrentaríamos, mais unidos, o mal inevitável vinculado à nossa condição finita e mortal. No passado, se ainda mais pessoas tivessem percorrido esse meio palmo, ter-se-iam evitado enormes quantidades de sofrimento e de vítimas da violência e da injustiça. Poucos centímetros teriam bastado para impedir o aparecimento dos piores genocidas da história; poucos centímetros teriam bastado para evitar a eclosão de muitas guerras; poucos centímetros, e a miséria não teria assolado o mundo como o fez, e muito menos o faria agora.

A revolução não pode ser senão a da generosidade e a da fraternidade. Dificílimo, mas possível, real. Toda a revolução começa por compreender. Por compreendermo-nos a nós próprios; por compreendermos o nosso mundo, a nossa periferia, a nossa condição. Por compreendermos, sobretudo, a solidariedade no meio da intempérie. Por compreendermos que aquilo que nos une é a exposição da periferia — a intempérie —, o horizonte do meio palmo e, também, a alteridade que afeta radicalmente a vida. Seremos nós os primeiros a ignorá-lo; precisamente nós, os mais esclarecidos, os mais científicos, os mais poderosos, a ignorar que somos fundados por um mistério, e que esse mistério tem que ver com a criação? Criação e alteridade, e não emanação, que se dá estritamente no domínio do possível. A emanação é uma garrafa enorme virada de cabeça para baixo. Tudo o que sai já estava lá dentro. Domina o idêntico. Não há filhos. O filho, pelo contrário, concretiza o acontecimento da criação, da diferença, da geração, da alteridade. Estamos na criação e podemos retribuir sendo seus fiéis servidores; *secretários* da vida. Cada um de nós encontra-se a viver. É nessa situação que se encontra, sem ter tido palavra em tal decisão. Mas eis que, a partir dessa situação, é possível gerar, criar. Somos novos na vida, e podemos retribuir sendo também nós geradores e criadores: dêmos mais amparo, dêmos mais fraternidade, dêmos mais beleza. Isso já é muito mais do que estarmos vivos: *é sermos capazes de vida.*

E com isto fica esboçado o itinerário seguido por este livro; um itinerário que, tendo como fio condutor a geração e a generosidade, começa por introduzir o conceito de *plissagem do sentir* — como conceito filosófico de vida humana — e termina apresentando o seu conceito gémeo: o de *ser capaz de vida.* Através de ambos acercamo-nos do mistério do *aqui.*

II

A plissagem do sentir: da pele ao coração

«Um grande milagre cumpre-se no mundo.
Apesar de tudo, sinto-o: toda a vida é vivida.»

Rainer Maria Rilke,
O Livro de Horas

Sentir-se vivendo

Do mesmo modo que o esforço de toda uma vida pode ser despendido na reflexão sobre o sentido do ser (Heidegger), acercarmo-nos desse «grande milagre» de que fala Rilke, da vida sentindo-se a si mesma, exige uma enorme paciência e tenacidade. Por vezes, o que parece fácil não o é, e é por isso que, quando já julgamos dominar algo, talvez valha a pena pararmos e voltarmos a essa coisa.

«No princípio era o sentir», ou seja, na base está o sentir. Para nós, *viver é sentir-se vivendo.* Eis a primeira e mais fundamental de todas as certezas. Não só vivemos, como sentimos que vivemos. A isto, a que grande parte da tradição filosófica moderna denominou «consciência» — no sentido mais elementar do conhecimento espontâneo que nos acompanha ou que *somos* —, também se poderia chamar, com igual ou maior radicalidade, «plissagem do sentir». Uma primeira vantagem de procedermos assim — de remetermos o facto de sermos conscientes ao sentirmo-nos — está em conectarmo-nos com a forma habitual com que se caracteriza a vida: afirma-se que todos os organismos vivos, dado que sentem, reagem a estímulos. Na realidade, os estímulos são estímulos porque existe capacidade de sentir. Agora, no seio da vida (no reino vegetal e nas diversas espécies animais), ocorrem, obviamente, diferentes modalidades e intensidades do sentir. A especificidade humana tem que ver com uma modalidade *excecional*; com uma espécie de *redobramento* ou de *plissagem* do sentir, que faz com que a afeção possa mesmo ser pelo que não é finito — afeção infinita —, e que a possamos dizer.

O mais sério dos enunciados em três palavras: «Sinto que sinto.» Vivo e sinto-me viver, como e sinto que como, ouço uma canção e dou-me conta de que estou a ouvir a canção. Sinto tudo o que faço e tudo o que me acontece. Uma espécie de reflexividade liminar e *involuntária* acompanha as minhas ações — aqui, «reflexividade» indica apenas um tipo de movimento que se volta sobre si mesmo. Quando sinto frio, dir-se-ia que o que está a acontecer é uma relação direta: eu com o frio, ou o frio comigo. Mas não só; acontece *também* uma relação reflexiva de mim comigo mesmo: sinto que sinto frio. O *mim* é já a reflexividade involuntária. Sentir-se viver é justamente isso.

Mesmo tratando-se da experiência mais radical de todas, não carecendo, por isso, de argumentos de autoridade, vale a pena citar dois ou três textos filosóficos que demonstram que as descrições das coisas mais básicas tendem a coincidir. Qualquer pessoa familiarizada com a história da filosofia estará, provável e imediatamente, à espera de referências à filosofia moderna do *cogito*. Mas a experiência transcende os marcos epocais; fixemo-nos nestas linhas:

> «[...] quem vê, sente que vê; quem ouve, sente que ouve; quem caminha, sente que caminha, e assim em todos os outros casos; há algo em nós que sente que estamos a empregar a nossa força; por isso podemos sentir que sentimos, e igualmente pensar que pensamos; ora: pelo próprio facto de que sentimos ou pensamos, existimos, já que, como dissemos, viver é sentir ou pensar.»

O texto, que poderia soar a cartesianismo, é de Aristóteles, quando na *Ética Nicomáquea* [*Ética a Nicómaco*] ele vai recapitulando sobre a vida feliz. Recorda para si mesmo que a vida humana é essencialmente constituída pelo sentir e pelo pensar, e que sentir-se vivendo é algo que, numa situação normal — não afetada por um excesso de pesares ou de infortúnios —, é, em si mesmo, agradável. ([7])

E, agora sim, há que mencionar Descartes:

> «Pela palavra "pensar", entendo tudo aquilo que acontece em nós de tal forma que nos apercebemos imediatamente disso [...]; por conseguinte, não apenas entender, querer, imaginar, mas também sentir é considerado aqui o mesmo que pensar.» ([8])

Na filosofia contemporânea, a temática da vida — não na dimensão biológica, mas na filosófica do sentir-se sentindo — ocupou um lugar de destaque em autores como Henri Bergson, Edmund Husserl, José Ortega y Gasset, Maurice Merleau-Ponty, Gabriel Marcel, Jean Wahl, Emmanuel Lévinas ou Michel Henry. Assim, por exemplo, este último define a vida como autoafeção:

> «[...] a vida sente-se e experimenta-se a si mesma, de tal maneira que não há nada nela que ela não experimente ou sinta; e isto porque o próprio facto de sentir-se a si mesma é precisamente o que define a vida.» ([9])

E Ortega, décadas antes, dizia: «Todo o viver é viver-se, sentir-se viver, saber-se existindo.» ([10]) Cada um destes pensado-

---

([7]) Aristóteles, *Ética Nicomáquea*, IX, 9, em *Obras* (tradução de Francisco de P. Samaranch), Madrid, Aguilar, 1977, p. 1292. Em várias traduções destes textos aristotélicos (nos quais aparece um derivado do verbo *aisthetiké*) evita-se o verbo *sentir* e usa-se «ter consciência», quando o mais simples e próximo da linguagem quotidiana são as expressões respeitantes a «sinto-me» ou «encontro-me».

([8]) René Descartes, *Los Principios de la Filosofía* (I, 9) (tradução de Guillermo Quintás), Madrid, Alianza, 1995, p. 26.

([9]) Michel Henry, *La Barbarie* (tradução de Tomás Domingo Moratalla), Madrid, Caparrós, 1996, p. 20.

([10]) José Ortega y Gasset, *¿Qué Es Filosofía?*, Madrid, Revista de Occidente, 1958, p. 228.

res aborda o conceito de vida e de sentir de acordo com a sua peculiar trajetória filosófica, e, por vezes, as *nuances* acabam por ser cisões intransponíveis. No entanto, partilham o interesse por um conceito de vida que transcende o da biologia — embora, obviamente, possa relacionar-se com este; um conceito de vida com o qual, mais do que aludir ao facto de *estar vivo*, ou de *ter vida*, se indique a situação de *viver algo*, de *sentir a vida*, de *viver a vida*, de ser *vivência da vida*.

Só com estas indicações podemos entender o uso da palavra *sentir*, mas, obviamente, de uma forma austera, sem qualquer «lamechice». *Sentir* é a substantivação do verbo, do qual nunca devemos perder a força. É uma palavra modelada muito perto da base. E é uma palavra que mantém um espectro semântico bastante amplo, à semelhança do que já tinha o *sentire* latino, que podia indicar tanto a perceção sensível como o dar-se conta ou o pensar. Também hoje se pode empregar *sentir* para expressar as distintas modalidades dos *sentidos*([11]); para expressar a *perceção de si mesmo* (estados de espírito e emoções); para expressar *conhecimento* (em expressões como «sentia que estava a ser enganado», equivalente a «sabia que estava a ser enganado»); e, por fim, para expressar experienciar algo («sentia a passagem do tempo» é o mesmo que «experienciava a passagem do tempo»).

Em suma, a origem etimológica e o uso atual da palavra facilitam a conversão do sentir num conceito. Embora quase nada seja gerado sem algum tipo de luta e de dificuldade, o importante é que o processo seja adequado. O parto é natural porque aquilo que é concebido não é estranho aos usos habituais, embora, evidentemente, os transcenda. María Zambrano, inspirada por Ortega, fala do *sentir originário*. Gostaria agora de poder sustentar e justificar que a *plissagem do sentir* é a essência da vida humana.

Para prosseguir sem mal-entendidos ou entraves, é necessário insistir que não se devem antecipar explicações, ou seja, reduções desta experiência fundamental — o sentir-se vivendo — a algo que estaria por baixo; que não se antecipam teorias nem biológicas,

---

([11]) Não se deve dar importância ao facto de os usos linguísticos atuais não permitirem trocar «ver um filme» por «senti-lo». No entanto, é preciso enfatizar que também sinto as coisas que vejo. Ver o mundo é senti-lo. Sentimos o mundo que nos é dado, que nos é mostrado. Sinto a paisagem que me rodeia, e, mais ainda, sinto a presença da pessoa que vejo ao meu lado. Olhar também é um prazer! Por acaso não «comemos com os olhos»?

nem psicológicas, nem neurológicas nem de qualquer outro tipo. As explicações serão sempre parciais e nunca conseguirão alcançar e compreender as profundezas do sentir, precisamente porque essas profundezas são a fonte de qualquer outra explicação. É inquestionável que toda e qualquer teoria emerge do seio da vida; é porque me sinto vivo que posso estudar biologia ou matemática. Veremos que, na melhor das hipóteses, o si mesmo que se sente viver não se explica, antes se acompanha e se cultiva — é o cuidado de si. No entanto, embora a experiência radical do sentir não deva ser reduzida, merece a pena prestar-lhe toda a atenção. Ao fazê-lo, descobrem-se três aspetos absolutamente determinantes: claridade, passividade e infinitude.

Claridade

Sentir que sentimos, dar-se conta, ser consciente... é muitas vezes descrito como ter e estar numa espécie de «claridade». Mas o que é que se pode dizer dessa claridade? Ortega, ao tratar o tema, usa a palavra *transparência*. Identifica «encontrar-se», «inteirar-se» e «ser transparente», e escreve: «[viver] consiste num conhecer-se e num compreender-se, num reparar em si próprio e num reparar naquilo que nos rodeia, num ser transparente a si mesmo» ([12]). Apesar de perceber a intenção do que ele quer dizer, é duvidoso que essa seja a forma mais acertada de o fazer, tal como é também duvidoso que seja pertinente apelar — como fazem alguns filósofos — à autoconsciência absoluta. Nem somos completamente senhores de nós, nem somos transparentes em relação a nós próprios — felizmente! Daí que seja melhor usar a palavra *claridade*, cujo significado não entra em disputa nem com a limitação nem com considerar aquilo que não se vê ou que se oculta. A claridade corresponde à já mencionada luz intermédia, ténue e tíbia, que dista tanto da densa escuridão quanto do feixe de luz branca e ofuscante.

É uma claridade básica que parece provir de um movimento reflexivo, no sentido literal de um voltar-se sobre si mesmo: sentir do sentir. Mas de um movimento muito singular e curioso, posto que involuntário, ou seja, de um movimento no qual já nos

---

([12]) *Ibid.*, p. 230.

encontramos de antemão. A maior parte dos atos reflexivos são voluntários, pelo que podemos determinar-nos a «refletir sobre...» com o propósito de voltarmos a algum assunto. Assim, a claridade do sentir-se vivendo relaciona-se com uma reflexividade que é anterior a qualquer intencionalidade entendida como vontade ou poder. Não é que *eu reflita*, mas que *me encontro nesta reflexão*. Isto é: sinto que sinto. Não conhecimento ou representação, mas presença patética de mim para mim mesmo. É disso que estamos a falar: de uma plissagem que não é um ato voluntário, mas um movimento no qual nos encontramos; um movimento que somos. Estou sempre em situação, e é isso que sinto: sinto que viajo de comboio, que estou a tomar um café, ou que me levanto da cama...

Alguém poderia objetar que, por vezes, quando estamos concentrados a ler, não nos damos conta de que estamos a ler. Teríamos de responder que o primeiro plano da concentração deixa *quase* tudo para trás. Partimos do facto de que nos damos conta de que temos um livro nas mãos, mas depois somos capazes de concentrar todo o esforço na relação direta. E, contudo, mesmo aqui permanece a situação basal e mínima de que nos damos conta, com a claridade que acompanha o ato de ler. Esta seria, pois, a resposta: estarmos muito atentos ou muito concentrados é quase não nos darmos conta da ação. *Quase*. Nisso, e só nisso, a atenção assemelha-se a estar distraído. Podemos estar tão absortos que a reflexividade involuntária do sentir permanece numa *quase* latência, mas operando constantemente e tornando possível a ação.

Esta claridade *básica* é a matriz de todas as demais claridades e sensações. Graças a ela vejo, agora à luz do Sol, o pião a girar ou, à luz da imaginação, o triângulo, ideal objeto de estudo. Essa claridade básica coincide com a fenomenização do mundo, ou seja, com o facto de as coisas se nos revelarem: tanto o voo da andorinha como a música que ouço e que sinto *com toda a claridade*. Que a música — ou a palavra — nos chegue *claramente* é uma preciosa pista para compreendermos de que é que estamos a falar e de que base é que nos queremos acercar. De forma também decisiva, essa claridade define os estados de espírito. Todos os estados de espírito se dão na claridade do sentir. Na realidade, são os seus modos mais próprios. Sentir-se contente ou triste é reflexividade sem ato voluntário. Sinto-me triste: isso, evidentemente, não costuma responder à decisão de querer sentir-se triste. E, quando alguém se sente triste, dá-se uma reflexividade originária, de base, com a claridade que temos vindo a sublinhar. Claridade da tristeza e da alegria. Não é que eu *veja com clareza* a alegria como um objeto diante de mim, mas antes que me sinto *claramente* alegre.

O nosso sentir, a nossa vida, é essa claridade. Forma do eu, forma do humano, segredo da claridade, fosforescência da vida — «luz da vida», dizem alguns. Claridade que acompanha todos os atos. Não o ato, mas a forma de todo o ato. Não o retorno, mas a plissagem ou o redobramento já dado de antemão. Reflexividade imediata na qual já nos encontramos passivamente, tal como estamos agora, ao escrever ou ler estas linhas.

Claridade básica, portanto, que deixa para trás a distinção entre «interior» e «exterior». Embora isto não possa ser afirmado de ânimo leve, depois dos milhares e milhares de páginas que foram escritas sobre a possibilidade do «mundo»; sobre o privilégio de que alguém que pertence ao mundo seja, por sua vez, o sujeito pelo qual e para o qual há mundo; sobre a maravilha de que as coisas se nos manifestem enquanto tal. Embora sustentemos que a claridade básica reúne tanto os estados de espírito como a «aparição do mundo», divergimos tanto da posição de Michel Henry quanto da de Heidegger. Michel Henry distingue, de forma rigorosa, dois tipos de aparição: uma seria a visível, a do mundo, e a outra, a invisível, a da «vida». A primeira, a iluminação das coisas. A segunda, a autoafeção: o aparecer a si mesma da vida na imanência da sua afetividade, independente de toda a exterioridade. Heidegger, por outro lado, na ânsia de distanciar-se do subjetivismo moderno, insistirá cada vez mais no êxtase do mundo, o qual, tão inspiradamente, havia sido tratado nos alvores da filosofia grega.

Na claridade básica que agora procuro descrever, dão-se tanto as coisas como os estados de espírito; tanto as paisagens como os sentimentos; tanto as palavras do mestre como aquelas que brotam de nós mesmos. Por ser tão radical, essa claridade não é simbolizada apenas pela dimensão visual, mas também pelo «coração». Talvez apenas as pessoas de «bom coração» sejam capazes de ver uma parte do mundo. E tão-pouco há razão para fazer prevalecer a objetividade — as coisas que acontecem à nossa frente. Por vezes, «vemos» melhor o rosto do que a cara, isto é, a profundidade do humano do que a cor dos olhos. Posso sentir a amabilidade de uma pessoa antes de reparar em como ela está vestida. E o mesmo diria em relação a outras situações:

percebo a vitalidade de uma planta antes de me aperceber do formato preciso das suas folhas, ou a beleza de uma escultura antes dos materiais de que é ela é feita. O amor leva a ver ou a ver mais. É por isso que se faz referência a despertar o coração de uma pessoa. Despertar o coração é como ampliar o ângulo do sentir. A pessoa afetuosa e cordial vê mais do que o indivíduo narcisista ou do que o malicioso. Daí que, inclusive no momento da paixão, seja sempre melhor estar «cego de amor» do que «cego de ódio».

A maravilha da vida é a claridade deste ver, deste sentir, que faz de fundamento.

A passividade-sensibilidade e a plissagem

De acordo com esse mesmo fundamento, um segundo aspeto essencial deve ser destacado: o da *passividade* (que é um sinónimo quase perfeito de *afetabilidade*, de *sensibilidade* e, também, de *vulnerabilidade*). A máquina de filmar grava imagens e sons, mas não se sente afetada. Nela, as imagens permanecem como uma película contínua e homogénea. A nós, por outro lado, *acontecem-nos* coisas.

Creio que a mencionada claridade decorre do redobramento da passividade; pelo aumento da passividade, sentimos que sentimos. É como se o aumento da capacidade de sentir, da sensibilidade, transpusesse o limiar que desse lugar a uma nova claridade: a do sentir que se sente. Como se, chegado a certo ponto, o crescimento linear se dobrasse, de repente, sobre si mesmo. Por vezes, há mudanças quantitativas que dão lugar a mudanças qualitativas. O incremento da passividade-sensibilidade ultrapassa um limiar, provocando o redobramento, e, a partir desse momento, sentimos que sentimos. Isto é o humano; este é o modo de ser do humano. Daí, por exemplo, que seja chocante ouvir este tipo de retórica a respeito da «inteligência artificial». Os avanços nesse campo são realmente espetaculares, mas nada têm que ver com a capacidade de sentir. Atualmente, a tecnologia pode gravar e reproduzir, e multiplicar exponencialmente as operações realizadas num muito curto espaço de tempo, mas não se sentir afetada, nem sofrer, nem se comover, nem, obviamente, sentir um nó na garganta. Pode simular afeção; apenas simulá-la.

Um programa informático ganha uma partida de xadrez contra o campeão do mundo, mas não consegue alegrar-se com esse facto; nenhuma engenhoca computacional pode ficar «tocada» ou comovida por ter assistido a um concerto ou por ter conhecido alguém. Nesta altura, já não será possível fazer marcha atrás, mas não seria possível falarmos com um pouco mais de propriedade e evitarmos confusões? Ou a confusão é necessária para justificar os investimentos no sector mais avançado da sociedade?

Encontramo-nos a sentir, *passivamente*. E a passividade, em sentido próprio, não é nenhum defeito, porquanto indica a capacidade de receber, de sermos afetados ou feridos pelas coisas. Ser sensível, aberto, passivo e vulnerável é uma e a mesma coisa. E não convém opor a passividade à atividade, nem um sujeito passivo a um ativo. Pelo contrário, é preciso acentuar o vínculo e perceber que a afeção é passividade e, ao mesmo tempo, movimento. A ferida é modificação, mudança, transformação, comoção; corte e início instantâneo da sutura; receção e resposta. Ser humano como ser afetado, como ser comovido. Passividade e paixão; recebimento e resposta — e responsabilidade.

Evidentemente que os estados de espírito são também uma expressão privilegiada da passividade. Eles respondem à pergunta «Como é que tu estás?» ou «Como é que te sentes?», sendo que tanto o pronome pessoal como o verbo devem ser destacados. Em *Ser e Tempo*, Heidegger faz uma análise muito lúcida dos estados de espírito, argumentando que eles revelam o nosso modo de ser, a nossa abertura ao mundo. Existir significa *encontrarmo-nos a nós mesmos*, de uma maneira ou de outra, porque não é possível não nos encontrarmos a nós mesmos de forma alguma. Nisto consiste a passividade: não podermos deixar de nos encontrarmos. E é um encontrarmo-nos totalmente: o estado de espírito toma conta de nós da cabeça aos pés; não tem faces que tenhamos de ir articulando; não há nenhuma síntese que unifique a perceção das partes. Sinto medo ou alegria, e, o que sinto, sinto-o todo eu. O estado de espírito é básico no sentido em que a partir dele, ou sobre ele, se definem outras posições ou outros comportamentos. O estado de espírito é a abertura ao mundo e aos outros; condição patética e motor de ação. Quando, de bom humor, desço as escadas, ou quando, melancólico, olho do terraço para o jardim, ou quando, plácido, converso com alguém, há já um sentir que permite a concentração no que estou a fazer. De modo que, quando tento algo, o processo já começou. A determinação de beber um copo de água, ou de elaborar uma teoria científica, é precedida por uma focalização mais originária, que não é exatamente uma *faculdade*, mas antes a *situação* essencial em que *me encontro* enquanto sujeito. Se lhe quisermos chamar faculdade, será então, isso sim, uma faculdade passiva. Estamos sempre em situação; somos sempre afetados pela situação, e é sempre nela que nos encontramos, de uma maneira ou de outra. Por isso, a abertura do estado de espírito é a mais originária de todas; é a abertura do sentir.

Se se outorga essa centralidade ao sentir, então os gostos, as inclinações, as simpatias, as paixões, os apetites ou os estados de espírito não devem ser tratados como meras *alterações* do eu, mas como *expressões* da sua essência afetiva. E se o sentir do sentir é a chave da excecionalidade humana, da nossa radical maneira de ser, então é preciso reconhecer que o mundo — que é êxtase do aparecer — se dá necessariamente graças a essa base. De modo que o mundo é originalmente o mundo da sensibilidade, o mundo da vida. Todas as coisas são «afetivas de nascimento», isto é, dão-se graças à nossa afetividade. Todas as coisas vêm até nós porque há um *pathos* da sua vinda, no sofrimento da vida, que — como veremos — é vida singular, absolutamente singular: eu.

Sublinhemo-lo uma vez mais: o ser humano caracteriza-se pela modalidade do sentir que consiste numa intensidade tal que causa uma espécie de redobramento ou de plissagem. Se imaginarmos o sentir como uma função que cresce para cima, podemos considerar que, em certo ponto, a função subiu tão alto que gira para baixo e se dobra, ou seja, plissa-se sobre si mesma. A linha da passividade-sensibilidade dobrou-se sobre si mesma, deixando um pequeno espaço intermédio. E, assim, a variação quantitativa dá lugar a uma qualitativa: pela amplitude definida com as duas linhas e pela pequena separação que permanece entre ambas — distância entre pregas. Podemos entender isso em analogia com a imagem das cordas vocais, que, mais do que cordas, são pregas que se sobrepõem umas às outras, tornando possível o prodígio da voz. O mesmo vale para o sentir. A plissagem do sentir é o sentir do sentir. A plissagem do sentir não conduz apenas a mais afeção, mas a uma espécie de afeção da afeção; e afeção profunda, que toca o coração. Amplitude do sentir que vai da pele ao coração e do coração à pele. A plissagem do sentir produz uma amplitude que permite que as coisas que nos acontecem nos cheguem ao coração (a verdade é que as coisas nos acontecem porque nos chegam ao coração). Não é por acaso que a pele e o coração são os símbolos do sentir. Da pele ao coração.

A plissagem do sentir é, ao mesmo tempo, amplitude e redobramento, ou seja, sentir do sentir graças à separação. Pregas fisiológicas que permitem e modulam a saída da voz. Plissagem da sensibilidade que torna possível não apenas que as coisas nos afetem profundamente mas também que nos afetem coisas que antes não nos afetavam. O sentir dobrado — a sensibilidade — torna-se «espiritual» por causa do que é capaz de sentir. Tanto podemos ficar «tocados» pela beleza e pela bondade como pelo sofrimento e pela morte do outro. A plissagem ou a linha dupla do sentir não se traduz numa maior acuidade (a acuidade visual de um falcão, ou auditiva de uma baleia, ou olfativa de um cão, é muito superior à do ser humano), mas antes numa maior vulnerabilidade e numa maior capacidade de receber e ser ferido. Ao amanhecer, o velho monge confessava à sua amiga que havia se retirado para o mosteiro porque era demasiado sensível para continuar no mundo. O *coração* é o símbolo da sensibilidade e, por isso mesmo, a quinta-essência do que é humano. Sintetiza o patético, a sensibilidade e a bondade, e daí as expressões afins: «com toda a alma» ou «de todo o coração». Sensibilidade e já sabedoria. Os homens de coração são os homens sábios, e a melhor memória é a cordial, a da lembrança, a que se leva no coração.

Que fique claro que, embora pareça que as observações feitas até aqui sobre a plissagem do sentir descrevem algo, elas são aproximações à forma de ser consistente com o sentir-se vivendo no mundo. O carácter ôntico da descrição é apenas aparente e está ao serviço da compreensão do modo de ser do humano; da forma de ser de quem é capaz de vida. Nesse aspeto, deveríamos seguir, tanto quanto possível, o conselho que se depreende da locução de Husserl quando este dizia que «quem nos salvar da reificação da consciência será o salvador da filosofia...». Assim, por exemplo, e atento a esse conselho, quando Merleau-Ponty — não muito longe de onde nos encontramos agora — fala do «quiasmo» e «das duas folhas do meu corpo», prossegue fazendo notar que não se trata de uma distinção objetiva, mas sim de uma tentativa de expressar algo inseparável. Por isso acrescenta: «Se queremos metáforas, o melhor será dizer que o corpo sentido e o corpo senciente são como o reverso e o anverso ou como dois segmentos de um único percurso circular.» ([13])

A proposta que aqui se está a fazer, a da *plissagem do sentir* como chave interpretativa do sentir humano, tem também essa mesma intenção aproximativo-metafórica de um modo de ser. Na plissagem, a função dobrada é descrita como sendo a mesma linha, ou a plissagem da mesma natureza: a diferença provém justamente da plissagem ou do dobrar-se enquanto tal. É a duplicação da passividade que dá lugar a um sujeito diferente, literalmente re-flexivo, muito mais afetável e mais ativo — mais passivo e mais passional.

Afeções primordiais

Explicado como uma intensificação do sentir que se redobra e se plissa sobre si mesmo, dando azo a uma amplitude sem precedentes — que chega até ao coração — e a uma *separação entre pregas* que permite o sentir do sentir (separação decisiva que pode mesmo ser conciliada com o vazio ou com o nada, que tantas vezes têm sido associados à consciência), é oportuno fazer notar que se abre a possibilidade de um tipo de afeção inédita. Mais sensibilidade significa mais abertura. A plissagem do sentir é *abertura* e exposição à afeção. Por um lado, das coisas como coisas e, por outro, daquilo que nos afeta até à medula, mas que não se deixa definir nem sequer nomear. Refiro-me à *alteridade* que acompanha as três afeções mais nucleares e lacerantes: a do *eu que se sente numa vida breve*; a do *tu que se ama e te ama*; e a do *mundo admirável que interpretamos*. Afeções que se dão não de forma esporádica, mas diacronicamente, ainda que em determinados momentos da vida nos comovam ao mais alto grau.

A afeção do eu é a da reflexividade basal: sentir-se vivo, único, num tempo breve (finitude), e em diálogo consigo mesmo. Graças a sentirmos que sentimos, podemos admirar-nos com o sublime, isto é, o maior, o mais elevado. Mas eis que o mais sublime de tudo radica precisamente nessa mesma sensibilidade e nessa

---

([13]) Maurice Merleau-Ponty, *Lo visible y lo invisible* (tradução de José Escudé), Barcelona, Seix Barral, 1966, p. 170.

mesma capacidade de nos admirarmos. O mais sublime é sentir o sublime, diria Kant.

A experiência do tu tem duas modalidades igualmente essenciais: é a experiência da não indiferença, da compaixão diante do sofrimento do outro e do amor pelo outro; e é a experiência de sentir-se amado pelo outro. Há quem, tal como Platão, sustente que se ama o outro porque ele personifica a beleza ou o valor moral, mas aqui coloco-me ao lado de Pascal quando ele disse que o que amamos não são atributos, mas sim o indefinível da pessoa, equivalente àquilo que também dizia Montaigne referindo-se ao amigo La Boétie: que lhe tinha afeto porque «ele era ele, e eu era eu». A amizade é uma das formas de amar o outro, e também de sentir-se amado pelo outro. Amar e ser amado. Enquanto amar é contribuir para expandir o céu, ser amado é sentir-se visitado pelo céu.

Por último, a experiência do mundo é a experiência de estar situado e de ser, ao mesmo tempo, sujeito de um mundo admirável e transbordante que somos capazes de conhecer e de transformar. Tal como no caso da experiência do eu e do tu, também a experiência do mundo como horizonte de manifestação inclui, como reverso, a infinitude-alteridade. ([14])

Eu-tu-mundo são experiências que nos afetam, que nos tocam, mas que não dominamos, nem controlamos, nem digerimos. Isso significa que a *infinitude-alteridade* pulsa em todas elas. Por essa razão, são experiências, e, por isso, a criação poética versa especialmente sobre elas: sobre o eu que sente a vida, sobre o tu que se compadece, que se ama ou que te ama e sobre o mundo que transborda.

Ignorar ou reduzir a esteticismo o mistério da vida é uma das alienações do nosso tempo. Empobrecimento grave que faz com que, apesar de estarmos rodeados de escaparates reluzentes, estejamos às escuras, com homens e mulheres reduzidos a factos, a coisas entre coisas, afogando-nos na opacidade dessa luz fria e artificiosa. Tanto o ensimesmamento consumista como o cientificismo barato encobrem e dissipam a comoção da vida; desde o começo da sua propagação que o mal-estar e o desespero aumentam, e o processo é interior.

([14]) As três afeções (eu, tu, mundo) são uma variação daquilo a que Kant chama «as três ideias da razão» (alma, mundo, Deus).

O finito trespassado pelo infinito. Afeção infinita do finito, que caberia chamar *sentir infinito*, porque a plissagem do sentir não conduz a uma maior extensão, mas sim a uma maior largura e, portanto, à afeção da alteridade-infinito. Ser *alterado*: eis aqui o humano, eis aqui a «vida». No capítulo seguinte trataremos precisamente disso: da afeção infinita e do desejo de infinito. Desejo de «céu», desejo de «paz», desejo do «outro».

«E para onde quero ir nada sei; mas é isso que espero», confessa a compassiva Monelle. (15) A afeção é, ao mesmo tempo, anelo, desejo que a morte não satisfaz mas, simplesmente, ceifa.

Dizer «eu», simplesmente

A formação da espécie humana é tão fascinante como o processo de amadurecimento desde o bebé até à sua constituição em indivíduo adulto. No entanto, o mais decisivo de tudo é que no decorrer desses dois processos, de evolução e de crescimento, respetivamente, apareça o sentir do sentir, que simplesmente leva a dizer «eu». A maior maravilha é a produção dessa fissura que é a plissagem do sentir no meio do mundo.

«Eu consciente» é redundante. É claro que, no que diz respeito à terminologia relacionada com a «consciência», a expressão verbal «ser consciente de» é melhor do que o substantivo «consciência». Já foi dito que a reificação deve ser evitada a todo o custo. O que se dá é a ação de dar-se conta, de ser consciente, de sentir... E dessas palavras demos prioridade ao «sentir». «Eu» é o nome dado àquele que sente que sente; nome do sujeito do sentir. Não é um ente abstrato, mas é muito concreto: a concreção do «eu» que sente é o corpo. O eu é uma referência cuja concreção e cuja posição é o corpo. No mundo impessoal, de repente uma posição, um início, um ponto de partida; uma passividade que se recolhe — que se faz casa — e que gera. Não identidade, mas unicidade sem identidade; processo de identificação.

Sinto que sinto. E digo imediatamente «eu» para expressar a singularidade concreta desse sentir. Não se trata de uma corrente impessoal, mas de um polo. Não a corrente impessoal da vida,

(15) Marcel Schwob, *El Libro de Monelle* (tradução de Jesús Munárriz), Madrid, Hiperión, 1995, p. 145.

mas a vida absolutamente singular de cada um. Aqui, Pessoa, em *Livro do Desassossego*, expressa a experiência comum: «Mas sei que o que eu sinto, sinto-o eu.» ([16]) O sentir do sentir é o início do eu, do si mesmo. A vida dos «absolutos», dos separados — dos «indivíduos» —, das pessoas, dos eus, dos si mesmos. Este eu encontra-se a viver. E a viver precisamente aquilo que não demorará muito a sentir como *vida breve*, porque a experiência da finitude anda de mãos dadas com a experiência do eu. Temos, então, dois aspetos muito destacados desta experiência: o prazer de viver e a sombra da finitude que paira sobre esse prazer. É porque a vida se experiencia como gozo que a morte é ameaça e estremecimento. É porque a vida se experiencia como preciosa e prazenteira que cada um de nós lida com as adversidades para continuar a viver.

Por economia de linguagem falamos de «a vida» e de sentir, mas fazemo-lo sempre assumindo que se trata da vida de cada um, e da plissagem do sentir que cada um de nós é: da «minha vida», onde o possessivo é estritamente aparente, porque não indica património algum, mas sim essa afiada singularidade do «eu».

Vizinhanças da excecionalidade humana

Emil Cioran refere-se à desolação que expressam os olhos de um gorila. ([17]) Jacques Derrida, por seu lado, fala do olhar do gato. ([18]) Aqui, seguindo a trilha nietzschiana, prestaremos atenção ao semblante da vaca.

Porque é que pressupomos que o sentir infinito é exclusivo do ser humano? Especulando sobre esta questão, Heidegger fala do *aturdimento* (*Benommenheit*) do animal. ([19]) O aturdimento poderia ser entendido como a perturbação dos sentidos pelo efeito de

---

([16]) Fernando Pessoa, *Libro del Desasosiego* (tradução de Perfecto E. Cuadrado), Barcelona, Acantilado, 2016, p. 361.

([17]) Emil Cioran, *El Aciago Demiurgo* (tradução de Fernando Savater), Madrid, Taurus, 1974, p. 121.

([18]) Jacques Derrida, *El Animal que Estoy Si(gui)endo* (tradução de Cristina de Peretti e Cristina Rodríguez), Madrid, Trotta, 2008, pp. 20 e ss.

([19]) Martin Heidegger, *Los Conceptos Fundamentales de la Metafísica: Mundo, Finitud, Soledad* (tradução de Joaquín Alberto Ciria), Madrid, Alianza, 2007.

um golpe. Através dele, o animal permaneceria numa espécie de confusão, que não lhe permitiria ter mundo; permaneceria integrado no mundo, incapaz de referir-se às coisas como coisas. Não é que depois de ver as coisas ele ficasse absorto, é que ele não conseguiria vê-las, pois estaria absorto já desde o início. Assim, segundo Heidegger, enquanto a pedra seria «sem mundo», o animal seria «pobre de mundo», e o homem «configuraria o mundo». Ser pobre significa carecer. Uma vez que a pedra não se relaciona com nada, nem sequer pode carecer de mundo. Em contrapartida, no que diz respeito ao animal, posto que este se relaciona com a exterioridade, pode dizer-se que carece de mundo. O lagarto relaciona-se com a pedra aquecida pelo Sol, ainda que não a veja *enquanto pedra* (o que requereria uma espécie de separação e de linguagem). Segundo Heidegger, então, o modo de ser do animal consistiria em estar aturdido, preso à sua tarefa, prisioneiro daquilo que faz.

Embora o pensamento de Heidegger seja sugestivo, apostaremos aqui numa resposta alternativa. Em primeiro lugar, porque é pouco rigoroso falar dos animais de forma tão genérica: em que é que o mexilhão e o gorila são iguais? Mas, sobretudo, porque, em consequência do que já foi dito, ao invés de se recorrer a algo semelhante ao aturdimento, consideramos mais plausível recorrer à função crescente da passividade-sensibilidade. A excecionalidade humana reside em ter transposto o limiar, com uma plissagem cuja espessura permite a afeção do infinito, que conduz ao si mesmo e a dizer simplesmente «eu». E acrescentemos ainda outra oposição: Heidegger, ao invés de falar da afeção do infinito, trata do acesso ao nada no estado de espírito da angústia. Ao *Dasein* é revelado o ser — e o nada —, e, por isso, tem mundo, e pode referir-se às coisas enquanto coisas. Tal como comenta Agamben, a ontologia seria a operação em que se efetua a antropogénese.([20]) Aqui, em vez disso, propomos entender que é a plissagem do sentir que leva tanto à claridade (condição do aparecer do mundo) como, inseparavelmente, à afeção infinita. A ontologia está ligada à afeção, ao estar «tocado» pelo mistério da vida, pelas experiências do eu, do tu e do mundo. Pelo que não há ontologia sem paixão.

([20]) Giorgio Agamben, *Lo Abierto: el Hombre y el Animal* (tradução de Antonio Gimeno), Valência, Pre-textos, 2005.

Não é que o animal esteja aturdido. O sentir do gorila não contém ainda a reflexividade-claridade, ou contém-na de forma demasiado incipiente; ainda não transpôs o limiar, embora a sombra da desolação — da intempérie — comece a insinuar-se no seu olhar.

Logo na vida vegetal e animal se inicia o sentir. Mas, por vezes, obviamente, a mudança quantitativa pode dar lugar a uma mudança qualitativa. No ser humano, o sentir ultrapassa um limiar que, com a plissagem, conduz à claridade sobre a própria situação, à reflexividade basal e à afeção de sentirmo-nos vivendo. Temos então o animal humano, singular, singularíssimo. A separação entre pregas faz-nos sair da imediatez e da reação imediata. A separação entre pregas é também como um *atraso.* E o atraso é a possibilidade de as coisas se apresentarem como tal (fenomenização do mundo), mas também de o futuro se abrir como possibilidade. Relação reflexiva, diálogo comigo mesmo, para me fazer, para me decidir, inclusive até ao extremo de poder tirar a própria vida.

A afeção que move

Estar tocado — comovido — é já o dinamismo da vida que se move. A afeção traz o movimento ou, melhor dizendo, faz parte do mesmo movimento. Paralelamente às três afeções primordiais (eu-tu-mundo), e sem as considerar numa relação estritamente biunívoca — porque ocorrem sobreposições —, há que destacar os três *dinamismos* fundamentais: o do prazer, o do amparo e o do saber-conhecimento.

Sentir o prazer de sentir conduz às diversas modalidades do *desejo,* como tendência para aumentar a satisfação — tendência erótica no sentido lato da palavra. O ponto de partida é, tal como assinalava Aristóteles, o facto de o sentir do sentir ser prazeroso em si mesmo. Há gozo em sentirmo-nos vivos, daí que expressamos vontade de viver mais intensamente. Já nos sentimos vivos, mas queremos aumentar esse sentir. Ora, sentir o prazer da vida na separação aberta pela plissagem do sentir significa, também, que no prazer já está contida a insatisfação e que a satisfação nunca poderá ser total. A tendência para o prazer projeta-se para diante, na dimensão do futuro. O «retorno» faz parte dessa dimensão, e desse modo surge a intenção de guardar. Ser humano é querer *guardar* o gozo relacionado com o outro, consigo próprio e com o mundo — precisamente porque tudo parece irremediavelmente destinado ao nada. «Vi coisas que vocês não acreditariam...» Gostaríamos de conservar o vivido, precisamente pelo gozo e pelo prazer que lhe estão associados.

Sentir a vulnerabilidade própria e alheia (a sombra da indigência, da intempérie, do sofrimento e da morte) leva ao *amparo*, isto é, ao cuidado e à proteção dos outros e de nós mesmos. A *resistência* e a *generosidade* são as principais manifestações dessa tendência agápica horizontal, que costumamos chamar *bondade*, mas que se pode desdobrar em múltiplas dimensões, como, por exemplo, no âmbito política, desde as lutas pela emancipação e pela justiça social até ao compromisso com a comunidade fraterna.

Por fim, *sentir a inteligibilidade do mundo* — ou, como diz Zambrano, que o que se sente pode ser decifrado — conduz ao desejo de conhecimento e a desdobrar, hoje, todo o âmbito da ciência e da tecnologia. Vemos que a realidade pode ser conhecida, lida. O sentir é *sentir inteligente*, isto é, capaz de ler o que é legível, analisável, cognoscível. Razão e racionalidade não são senão prolongações do sentir inteligente. O sentir é a base da racionalidade, e, portanto, quem não sente será «insensato», ou seja, não razoável. Tão-pouco é casual que «saber» venha de saborear (*sapere*), e que o sábio seja o homem de bom gosto, capaz de apreciar a beleza. Assim, não é que os apelos à inteligência emocional sejam descabidos, mas, muitas vezes, eles pressupõem que se trata ou de um tipo de inteligência ou que a parte emocional se torne uma espécie de complemento da inteligência quando a situação é outra. Não é preciso adoçar a inteligência com a dimensão emocional, porque, *per se*, o sentir já é inteligente. Desde logo, deveríamos deixar definitivamente para trás o binómio intelectualismo–emotivismo e recuperar aquilo que sustenta Xavier Zubiri quando descreve a inteligência senciente:

> «Daí que o sentir humano e a inteleção não sejam duas ações numericamente distintas, cada um completo na sua própria ordem, mas antes constituem dois momentos de uma única ação de apreensão senciente do real: é a inteligência senciente [...] Inteligir é um modo de sentir, e sentir, no homem, é um modo de inteligir.» ([21])

([21]) Xavier Zubiri, *Inteligencia Sentiente*, Madrid, Alianza, 1980, pp. 12–13.

Ao contrário de Zubiri, em vez de «inteligência senciente», é preferível, creio, falarmos de «sentir inteligente», para tornar ainda mais claro que o que está em causa não é o facto de termos uma racionalidade (uma inteligência) que precisa de ser complementada com a sensibilidade, mas o facto de possuirmos um sentir que, em si mesmo, já é inteligente.

A partir deste ponto, e em relação a alguns grandes temas, abrem-se perspetivas de análise em múltiplas direções. Podemos comprovar que os três dinamismos (prazer, bondade e conhecimento) são ajuntamentos — *logos* e linguagem; tendências que se querem relacionar e que, por isso mesmo, permitem falar da *conjuntura* humana. Podemos constatar que a primeira palavra é de amparo e que a segunda nomeia o mundo. Podemos ver que, dado que o prazer e a bondade são dinamismos ou desejos fundamentais, não se deveria suscitar a dicotomia entre uma filosofia hedonista e uma filosofia do sacrifício e da austeridade moral. Podemos constatar como, desafortunadamente, tudo pode degenerar: o desejo de prazer em ânsia de domínio e em violência; o amparo e a bondade em desdém; e o conhecimento e a técnica em sistemas colonizadores e alienadores da vida das pessoas. Felizmente, porém, é possível comprovar que, mantendo-se o que é genuíno, o destilado dos três dinamismos deixa-se enunciar com as duas palavras enaltecedoras da vida: amor e pensamento.

III

O desejo que se gera

«Respiro,
e o ar nos meus pulmões
é já saber, é já amor, é já alegria,
alegria entranhada
que não se revela a mim
senão como um apego
jamais interrompido
— de tão elementar»

Jorge Guillén
«Mientras el Aire Es Nuestro» [«Enquanto o Ar É Nosso»]

Sentirmo-nos viver é, ao mesmo tempo, aspirar, tender, almejar... Sentirmo-nos viver enquanto afeção é já movimento, dinamismo, mediação. O gozo de viver — imediato — que agora mesmo posso sentir está inserido no meu modo de ser mediato. «Desejo» é uma das palavras com as quais é possível nomear a mediação que somos. Somos desejo.

O gozo da vida

Sentirmo-nos viver é sentir a cada momento os «conteúdos» da vida. Tal como explica Lévinas, viver é *viver de*.([22]) Prestar atenção a essa coisa tão elementar permite-nos restringir a conceção instrumentalista que projetamos por toda a parte.

Excessivamente condicionados pelo esquema causal, dizemos, por exemplo, que respiramos ou que comemos para viver. No entanto, descreveríamos melhor aquilo que se passa se disséssemos que vivemos respirando, comendo e olhando o que nos rodeia... Frequentemente, as coisas não são apenas meios, mas conteúdos da vida. Existe suficiente satisfação em comer as uvas do vinhedo e em respirar o ar puro da montanha. Poderíamos, inclusive, dizer isso mesmo do trabalho. É óbvio que trabalhamos para viver, mas, quando o trabalho não é alienante e tem sentido, é também verdade que vivemos a trabalhar e que há nisso um certo desfrute.

Viver é, portanto, *viver de*, e os conteúdos são a alegria da vida. Ser eu significa sentir o gozo da vida e, pela mesma razão, também a tristeza, a preocupação ou o sofrimento, sendo que todas essas coisas se definem a partir do gosto e do prazer de viver. É por isso que a vida é amor à vida. Ama-se a vida desde o início.

É isso que importa sublinhar: que a nossa vida não é uma vida despida, uma existência pura — o que seria próprio do inquietante reino das sombras —, mas antes uma relação contínua com conteúdos (o que, num certo sentido, equivale à intencionalidade husserliana). Sentir a suave calidez da atmosfera ao cair da tarde de um dia estival ou escutar, bem aconchegados na cama, o murmúrio do vento frio invernal... são experiências do eu que sente o gozo da vida, de um eu gozoso porque vive. Com base nisso, emerge e define-se a tristeza e o pesar, a carência — presente ou futura —, a dificuldade de ganhar o pão de cada dia, a doença, o medo da violência ou a iminência da morte, sob a forma de assédios reiterados ao gozo da vida.

Consequentemente, poder-se-ia matizar um aforismo de Cioran que diz o seguinte: «*Desejar* é não querer morrer.»([23]) Equivale ao que escreveu Jacques Rigaut — o criador da *Agência*

([22]) Emmanuel Lévinas, *Totalidad e Infinito* (tradução de Miguel García-Baró), Madrid, Sígueme, 2012, pp. 116 e ss.

([23]) Emil Cioran, *El Aciago Demiurgo*, *op. cit.*, p. 125.

Geral do Suicídio: «O desejo é provavelmente tudo o que um homem possui. Sou um homem que tenta não morrer.» Sem dúvida que é uma boa ideia, mas seria possível ajustá-la ainda melhor dizendo que *desejar é querer viver*. Desejar é viver e querer viver; é sentir a vida e querer deleitar-se ainda mais; é sentir e, uma vez que o sentir é já prazeroso, projetar a sua intensificação.

A linguagem da paixão

Aí vai a tão citada sentença sartriana, presente no último capítulo de *O Ser e o Nada*: «O homem é uma paixão inútil.» Mas será «inútil» a qualificação mais adequada? O homem é uma paixão, sim, mas nem «útil» nem «inútil».

Embora nada nela seja inteiramente novo, a linguagem da paixão e da afeção utilizada para definir o ser humano é particularmente contemporânea. Lévinas — com quem, evidentemente, a dívida contraída é impagável — é um dos autores que mais vigorosamente a recuperou, a ponto de chegar a afirmações como esta: «A subjetividade do sujeito é a vulnerabilidade, a exposição à afeção, a sensibilidade, a passividade mais passiva do que qualquer passividade [...].» ([24]) Expressão paradoxal, limítrofe: uma passividade mais passiva do que qualquer passividade. Por vezes, na tradição filosófica, de molde a explicar a afetividade — e a afetabilidade — humana, foi feita uma distinção entre afetos passivos ou sentimentos passivos e afetos ativos ou desejos (anelos, pulsões, inquietudes, apetites). E, de facto, tal como tem sido feito, devemos continuar a sublinhar esse duplo aspeto da afetividade: passividade e atividade, ou uma passividade que é, em si mesma, já início de atividade, de movimento, de tendência.

No entanto, a sombra que muitas vezes pairava sobre as abordagens antigas e medievais era grande e advinha da consistente ideia preconcebida de colocar a afetividade abaixo da vontade e da razão. Tudo convidava a concluir que o estado ideal ocorria quando as paixões permaneciam sob a orientação e a direção das supracitadas faculdades superiores. Ou seja, que a harmonia era alcançada quando a razão governava bem as outras partes.

([24]) Emmanuel Lévinas, *De Otro Modo que Ser, o más Allá de la Esencia* (tradução de Antonio Pintor-Ramos), Salamanca, Sígueme, 1987, p. 103.

Evidentemente que esta é uma afirmação genérica que teria de ser matizada em cada pensador e em cada escola ou corrente filosófica, e em relação à qual se podem encontrar várias e valiosas exceções. Contudo, as mudanças mais decisivas começam a ocorrer em alguns autores modernos quando eles passam a insistir que o motor da ação são as paixões, ou que o espírito humano é passional por definição, chegando mesmo a caracterizar a razão como mais uma paixão. É o que faz Hume, quando diz que, na sua aceção comum, a razão «é uma paixão geral e tranquila [...]»([25]). E Leibniz, quando afirma que a *vis activa* é basicamente impulso, que todo o impulso é produtivo — dá origem a... —, que pode ser chamado *appetitus*, e que a *appetitus* e a *perceptio* são determinações igualmente originárias da mónada.([26])

A terminologia relativa à afetividade vai adquirindo centralidade filosófica. Mas é Espinosa o autor que, sem qualquer dúvida, representa a inflexão mais decisiva. É sua a conhecida tese do *conatus*, segundo a qual todas as coisas tendem a perseverar no seu ser. Pois bem, ao *conatus* também se chama *appetitus*. Ao esforço de perseverança da alma chama-se «vontade», mas quando se refere tanto à alma como ao corpo chama-se «apetite». Por conseguinte, *o apetite é a essência do homem*. Escreve Espinosa:

> «[...] entre "apetite" e "desejo" não há diferença alguma, exceto que "desejo" se refere geralmente aos homens, na medida em que estes são conscientes do seu apetite, podendo, por isso, ser definido nos seguintes termos: *o desejo é o apetite acompanhado da consciência do mesmo.*» ([27])

A consciência de aumentar a força do próprio ser é alegria; a consciência de a diminuir é tristeza.([28]) É claro que, em Espinosa, o desejo já não pode ser interpretado apenas em termos de carência e de necessidade. A necessidade satisfaz-se, o desejo não. O desejo

---

([25]) David Hume, *Disertación sobre las Pasiones y Otros Ensayos Morales* (v, 2) (tradução de José Luis Tasset), Barcelona, Anthropos, 1990, p. 139.

([26]) Este ponto tão crucial é amplamente comentado por Heidegger. Ver Martin Heidegger, «Del Último Curso de Marburgo», em *Hitos* (tradução de Helena Cortés e Arturo Leyte), Madrid, Alianza, 2000.

([27]) Baruch Spinoza, *Ética*, III, IX, Escolio (tradução de Vidal Peña), Madrid, Editora Nacional, 1980.

([28]) *Ibid.*, XI.

expressa o crescimento de uma potência, e aqui já se entrevê o caminho para Nietzsche. Embora possa ser concordante em alguns casos, regra geral não se trata de apaziguar ou de exterminar as paixões, mas de que a vontade, que é apenas mais uma paixão, seja capaz de abraçá-las e acompanhá-las. A vontade mais poderosa é aquela que deixa mais espaço para a liberdade das outras paixões. Não se trata de enfraquecer a vida, mas de intensificá-la. É neste sentido que a nietzschiana vontade de poder é entendida como uma serva diligente da vida, ou como a sua melhor expressão.

Desejo como geração

Há, portanto, precedentes. Para nos referirmos aos dinamismos ou aos ajuntamentos do sentir humano, poderíamos também empregar a palavra *tendência*, que indica o facto de estar tenso — como o arco — e de se orientar para... Consequentemente, entender-se-ia a *distensão* provisória e a necessidade de descanso, bem como, noutra direção, a *atenção* e a *intensidade*. Poder-se-ia mesmo chegar a uma boa definição do desejo como *tendência para a intensidade*.

Que mais haveria para saber sobre o desejo? A sua estrutura intencional faz com que se possa colocar a ênfase tanto na tendência como na coisa desejada. Assim, por exemplo, Sartre considera que o ónus recai sobre a coisa porque, caso contrário, não haveria maneira de sair do estado de imanência para a alcançar. ([29]) De acordo com este autor, desejamos uma mulher ou um homem, e não simplesmente a nossa saciedade. E acrescenta que o desejo principal é, basicamente, o desejo de um corpo. À primeira vista, isto poderia parecer estar em desacordo com a definição sugerida do desejo como uma tendência para a intensidade. Sartre procede a uma divisão taxativa entre a imanência do desejo e a transcendência da coisa (entre o que sinto e aquilo pelo que sinto). Mas será que é assim que devemos proceder? Talvez o difícil seja conhecer a maneira através da qual pensar essa voluptuosidade do viver. Comprazo-me no odor que sinto, ou no corpo que acaricio. O sentir nunca é uma estrutura fechada

([29]) Jean-Paul Sartre, *El Ser y la Nada* (tradução de Juan Valmar), Barcelona, Al-taya, 1993, pp. 409 e ss.

sobre si mesma. Por isso enfatizámos o facto de que *viver é viver de*. Não existe uma subjetividade que sinta independentemente do mundo, mas sim um estar no mundo que, à maneira de uma plissagem do sentir, é fortemente afetado. Desejamos coisas, pessoas e situações precisamente porque há um disfrute ligado a todas elas. Sentir-se viver é sentir-se viver no mundo, sentir-se viver no gozo dos conteúdos da vida. Por que estranha operação se faz aqui a distinção, de forma tão taxativa, entre a imanência do desejo e a transcendência da coisa?

Na nossa periferia há diferentes relações. Algumas têm o carácter da carência. Mas a força do desejo reside sobretudo na geração, e só parcialmente tem que ver com a carência. Por vezes, é uma carência transformada. Uma necessidade — a fome — é satisfeita — é como um vazio que se preenche —, por outro lado, o desejo — o desejo relacionado com o gosto — nunca é totalmente satisfeito, mesmo que, ocasional ou frequentemente, se deleite com a intensidade. O desejo não nasce unicamente de um vazio, pelo que nada o pode saciar completamente, porque se trata apenas de encher até transbordar. A *necessidade*, ou a penúria, é o movimento que nasce da carência. É assim que surgem a fome, a sede, o sono ou o respirar... A carência materialmente sensível: sinto fome, tenho sede. A necessidade é necessidade, acima da nossa espontaneidade ou da nossa vontade. Ora bem, há alturas em que não só temos necessidade de comer, como o desejo se intensifica. Uma coisa é *ter (muita) fome*, e outra *é ter muita vontade de*. A primeira é necessidade, a segunda está próxima do desejo. A necessidade dá origem a um tempo de crise e a uma forte inquietação até ao momento em que é satisfeita; momento que é impossível adiar indefinidamente, porquanto a necessidade é algo que tem, *por força*, de ser satisfeita (comer, beber, dormir). Em contrapartida, a satisfação do desejo pode ser adiada indefinidamente. Ainda que se alcance o que se procura, produz-se também um presente mais estabilizado, e rapidamente vem ao de cima a incipiente insuficiência, porque o desejo tem que ver com aquilo que nunca será plenamente satisfeito (sexualidade, reconhecimento, amor, saber...).

A necessidade caracteriza-se também pela sua simplicidade e definição. O desejo, pelo contrário, tende a ser mais indeterminado — e até contraditório. Por tudo isso, alguns filósofos estoicos acharam que o melhor era cortá-lo pela raiz, porque na sua suposta satisfação há, inevitavelmente, uma espécie de frustração e de melancolia. No entanto, pode ser que esse clemente propósito estoico estivesse, na maioria dos casos, destinado ao fracasso.

O desejo, precisamente porque nasce das afeções infinitas, tende para o que não é nada concreto, tende para o infinito. Faz aqui sentido o paralelismo com o qual Heidegger estabelece a diferença entre medo e angústia. Enquanto o medo é medo ante algo, a angústia é angústia em relação a nada (é sem objeto). O mesmo — ou algo parecido — acontece com o desejo: enquanto a necessidade é necessidade de algo, o desejo é-o de «algo» que não é exatamente algo definido — nada, se nada é aquilo que não é nenhum algo. Embora vise coisas e situações, transcende-as ou aspira à sua alteridade. O desejo acredita poder satisfazer-se em coisas e em situações, e sim, satisfaz-se, mas nunca plenamente. A insatisfação é-lhe essencial. Acontece mesmo que, em situações satisfatórias, o desejo tende a exasperar-se, revelando-se ainda mais como aquilo que é: desejo. A satisfação e o prazer situam-se, na sua imediatez, na mediação e no excesso do próprio desejo. O desejo revela-se a si mesmo como desejo.

O desejo é geração. Geração para lá da carência; ou geração sobre a carência. Nisto podemos coincidir com Deleuze, pois também ele sustenta que o desejo é uma construção, um agenciamento — isto é, da natureza da ação. Se o entendermos assim, tudo se torna mais arejado, especialmente se comparado com a abordagem um pouco labiríntica e asfixiante da psicanálise, com as cenas do teatrinho familiar. Trata-se de não nos deixar enredar e perder nos becos imaginários ou reais do passado, mas de nos abrirmos à experimentação. De experimentarmos mais do que de analisarmos. Deixarmo-nos de histórias e criarmos. Enquanto em Freud encontramos uma conceção negativa do desejo, vinculada à carência, aos nós e às frustrações, em Deleuze, mais espinosista, o desejo conecta-se com a potência — o que não implica, necessariamente, imprudência e desmesura. Ele mesmo explicava que, frequentemente, se sentia em posição de ajudar alguém que parecia estar a dirigir-se para o precipício.

Gerar, intensificar. É evidente que, por vezes, há que desfazer nós. Mas não se trata de escarafunchar mais do que o necessário, mas sim de criar. O desejo é o desejo de ampliar a vida, de mimá-la, de fazê-la crescer e de amá-la. Ia dizer que o desejo é um poço sem fundo, mas é melhor não o fazer, porque essa imagem evoca o vazio. É preferível insistir que ele é tendência, anelo. Desejo de vida. Desejo de desejo. Desejo como vivacidade e vitalidade da vida.

Há algo de bom na permanência do desejo. Uma vez que o desejo se alimenta parcialmente do prazer que temos em sentirmo-nos vivos, *o desejo é, em si mesmo, prazeroso, bom.* Apesar dos possíveis desassossegos, o sentir como tendência é já voluptuosidade. Se bem que seja conveniente suprimir certos desejos e necessidades artificiosas, não é, de modo algum, benéfico suprimir *todos* os desejos. Sem desejo, a vida extingue-se. Desejo e vida conjugam-se juntos. *O desejo é a vida vivendo-se.* Por isso, no tédio permanente, a vida mirra.

O desejo trespassa-nos e submerge-nos — todos nós somos desejo. No que diz respeito a ele, não faz sentido mantê-lo à distância. O desejo envolve-nos, não nos conseguimos desembaraçar dele. Obceca o nosso sentir. Obceca-nos. Talvez seja por isso que ocorre uma espécie de desejo básico de deixar de desejar. Porque a tendência é um tipo de esforço, e cansa, pode ser que emerja o inconfessável «já está bem», «já basta». O que poderia levar a pensar que a vida humana tem duas tendências basais: a de intensificar-se como desejo (intensificar a vida), e a de «paz» como cessação — que teria uma cumplicidade muito especial com a morte. No entanto, a nossa posição aqui considera que o desejo de paz continua a ser desejo de vida e que, portanto, a paz não deve ser entendida como cessação, mas como esse paradoxal horizonte onde a intensificação da vida coincide com a suavidade de um inefável remanso.

Desejo do outro

Embora, como todos saibamos, a riqueza e o poder se tenham destacado desde tempos imemoriais como objetos de desejo, o desejo fundamental dirige-se para os outros; tem que ver com os demais. De facto, riqueza e poder são frequentemente pretensas — mas equivocadas — estratégias para chegar ou alcançar os outros. Teríamos, por um lado, os desejos relacionados com a sexualidade (com a sedução do outro e com a «posse» do corpo do outro e do próprio desejo) e, por outro lado, os desejos relacionados com o reconhecimento dos outros — o reconhecimento social. Todos os desejos sociais podem ser reduzidos a dois. Primeiro:

o de ser tratado como as restantes pessoas e ser um entre outros — igualdade formal. E segundo: o de distinguir-se dos demais e ser tratado como alguém em particular. Por outras palavras, quero ser considerado, à semelhança dos outros, como membro da sociedade; como mais um cidadão — e é isso que o Estado de direito afirma formalmente representar. Mas, ao mesmo tempo, quero poder diferenciar-me dos demais de molde a ser alguém na sua própria particularidade, ou seja, quero ser amado, desejado e valorizado. O desejo sexual pode ser incluído nessa categoria de reconhecimento particular ou, pela sua força e gravidade, ser considerado separadamente.

Outra «lei» do desejo, diretamente relacionada com as restantes pessoas, é a seguinte: a satisfação tende a ser maior quando partilhada. A necessidade é a de comer. A necessidade transformada pelo desejo é a de comermos acompanhados. Se falamos de necessidade sexual, então a necessidade transformada pelo desejo é a de nos satisfazermos mutuamente. A necessidade é a de viver. A necessidade transformada pela geração do desejo é a de vivermos em conjunto e partilharmos o gozo e a alegria — e também a tristeza. Porque o prazer partilhado é mais prazer. Boécio colocava-o nos seguintes termos: «Nenhum bem possuído é agradável sem ser partilhado.» A vida é mais sentida quando difundida, quando comunicada, quando expressa. O isolamento, em contrapartida, diminui a vitalidade e o sentir, e é um óbice à experiência da vida. Queremos que o outro desfrute da mesma comida e do mesmo livro.

Voltemos por um momento a Sartre e à sentença da paixão inútil. Inútil porque frustrada — pensa ele —, e exemplifica-o também com o desejo sexual. Segundo Sartre, pretendemos a apropriação do corpo alheio. Assim, «a carícia não é um simples toque: é *modelar*» ([30]). Mas modelar é dar forma, de modo que com a carícia queremos algum tipo de poder sobre o outro, de posse do outro. Mas e se na carícia não prevalecesse o modelar? É possível entendê-la como *desejo de contacto*, de *relação de intensa proximidade*, sem afã de possuir. A outra pessoa é expressão de alteridade, e, por isso mesmo, a relação colocada em termos de posse está no mau caminho. Sartre tem de admitir que o desejo está fadado ao fracasso: para possuir o outro, é preciso reduzi-lo

([30]) Jean-Paul Sartre, *El Ser y la Nada*, *op. cit.*, p. 414.

à sua facticidade, mas, paradoxalmente, o que se quer é possuir a transcendência do outro. É certo que há algo que escapa e que o desejo não pode ser plenamente satisfeito, mas isso não tem necessariamente de ser lido em termos de frustração. Primeiro — como já dissemos — porque há um prazer — e um sentido — no próprio desejo, e, depois, porque o facto de não se poder alcançar a plena satisfação pode ser interpretado como uma tendência infinita e como uma relação com algo igualmente infinito — a infinitude da outra pessoa. Em suma, *o desejo é desejo de infinito.*

O desejo, ao atingir a facticidade ou a materialidade do que procura, revela que era apenas um meio para outro que permanece sempre além, inalcançável. O desejo mantém-se na separação. A satisfação incipiente, que é a imediatez, dissolve-nos momentaneamente no mundo. O desejo vive da mediação e, no entanto, suspira pelo suposto gozo da imediação. É tensão e aspira à paz. É caminho e aspira à chegada. O mistério é a coincidência de vida e paz.

É neste ponto-chave que reside um dos aspetos mais difíceis de sondar da relação sexual. Num texto um pouco denso da obra *Rua de Sentido Único*(31), sob o título «Campainha Noturna para Avisar o Médico», Benjamim afirma que a satisfação sexual é como libertar o homem do seu mistério, que não consiste na sexualidade mas num vínculo com a natureza, com a terra-mãe. Parece paradoxal, mas há alguma verdade nisso. Ao invés de relacionar o êxtase da satisfação sexual com a ideia da dissolução impessoal, Benjamin relaciona-o com a libertação de um vínculo e, por conseguinte, com a origem de um novo nascimento, ao mesmo tempo que, por isso mesmo, o relaciona igualmente com o caminho para a morte. A sexualidade humana vai além tanto da reprodução como da satisfação. Talvez a satisfação sexual esteja desde sempre ao serviço de outra coisa, que não é um regresso à «naturalidade», mas sim uma provisória e momentânea imediação que não supera a essência da mediação, mas que a transforma. A satisfação sexual, no êxtase, liberta-nos no sentido de que é como se ela nos conduzisse para lá da imediação e da mediação da vida — da imediação do nosso vínculo com a vida e da mediação

---

(31) Walter Benjamin, *Rua de Sentido Único; Crónica Berlinense; Infância Berlinense por Volta de 1900* (tradução de António Sousa Ribeiro), Lisboa, Relógio D'Água, 2021. [*N. do T.*]

ou inquietação provenientes da nossa afeção. Mas, ao invés de colocar essa libertação em termos orgiásticos — de dissolução da individualidade —, ela é colocada como uma espécie de *transformação* para uma situação com mais singularidade, onde categorias como nascimento, personalidade e morte se tornam totalmente pertinentes. A satisfação sexual levar-nos-ia a outra mediação.

Podemos tocar à campainha, mas não há médico. Não há nem médico nem remédio para a nossa situação. E mesmo que um médico respondesse ao toque, o que é que lhe diríamos? Os mesmos chavões de sempre: «isto foi muito bom, mas durou muito pouco», ou, mais precisamente: «a satisfação não me instalou nem no êxtase sem fim nem no aturdimento». O sexo liberta-nos de um laço, de um vínculo, para nos conduzir a outro. O mistério da vida humana é o mistério da relação, da singularidade aberta e relacionada (passiva e apaixonada). O desejo é a expressão mais evidente desse mistério. Talvez, no seu recôndito, aspire a manter-se na tensão, isto é, na vitalidade, no mistério da vida pessoal.

Anelo de infinito através da afeção infinita, que não aspira a nenhum paraíso terrestre, mas sim ao *céu* (alteridade-infinito). O mistério já nos afetou. Poderíamos dizer que a pessoa espiritual é justamente aquela que responde a essa afeção e não a esconde. Só aqueles que cuidam da afeção infinita mantêm uma vida espiritual. Cuidado de uma tendência que é anelo. Anelo de algo que nos afetou, mas que não temos. Há um tipo de sociedade que adia ou elimina esse desejo; uma sociedade acomodada, fascinada pelo consumo e disposta a uma envenenada fuga para a frente. Mas deprimida. Paradoxalmente, quem não responde à afeção infinita pouco poderá contribuir para a finitude do mundo.

O desejo e a imaginação

No desejo, há um jogo entre o que se pode — e sentir que se pode é a vontade — e o que — ainda — não se pode, e que faz esperar pelo amanhã. O hoje é sobre poder ou impotência, e o amanhã sobre espera e imaginação. No desejo, o sentimento intensifica-se ao mesmo tempo que, de certa forma, se adia, como se vivesse para o que ainda não é. Em contrapartida, a vontade é uma concreção da tendência. Tende-se para e, por isso, decide-se alcançá-lo, e isso é visto como possível hoje ou num amanhã que já é hoje. Mas as conquistas da vontade nunca pressupõem um ponto final.

Seja por adiamento ou porque aquilo que desejamos é em parte indeterminado, temos campo aberto para o imaginar. A imaginação opera sobre a abertura do desejo, tendo nós a sorte de tal operar ser também já prazeroso. Encontramos satisfação no jogo, nas fantasias, nas vidas imaginadas... Por vezes, ao lermos um bom romance ou ao vermos um bom filme, «sentimos que estamos lá». A valia da arte e da literatura comprova-se pelo seu poder de nos fazer sentir ainda mais intensamente que a presença do presente. Viver sentindo e desejando também significa viver imaginando. A imaginação, nas suas formas artísticas e poéticas, pode cuidar e mimar a vida. Onde está a graça aqui? Evidentemente que tanto no gozo da criação como no gozo da fruição que nos inunda. A arte pode fazer-nos viver mais. Quando a cultura não é cuidar da vida, será que é cultura? Quando a cultura não intensifica ou aumenta a vida, é uma falsificação de si mesma.

Ainda que o possa ser em determinadas ocasiões, normalmente, a imaginação não é fuga. A verdade é que temos de imaginar a nossa vida, porque não existe, de antemão, nenhum caminho necessário e preestabelecido. A imaginação franqueia o hiato aberto pela ausência de uma finalidade dada ou dogmática. Mas também nos permite viver, de alguma forma, aquilo que não vivemos nem viveremos. Quando o caminho da vida já vai longo, a imaginação pode deslocar-se para outras vidas, para outros caminhos, que talvez pudessem ter sido percorridos. E, desdobrando-se, vemo-nos ali. A ficção literária é uma forma de viver outras vidas. O jogo também tem algo disso; também o jogo é função do desejo. É preciso imaginar a situação que o jogo pede, e fazê-lo com rigor. É por isso que só é possível jogar com aqueles que levam o jogo a sério. As crianças costumam ser os melhores jogadores. E dizem que também os deuses. Quase à força.

O desejo e a ascética do discernimento

Que o dinheiro ou o poder costumem ser tão vorazmente procurados prova largamente que a geração do desejo pode tomar direções muito erradas. Sabemos que há desejos que, em vez de intensificar a vida, a hipotecam. Daí que, em consequência, tenha surgido a já clássica temática do *discernimento* pela *cura sui*.

Não se trata de anular os desejos através da ataraxia. E não só porque isso é um empreendimento impossível, mas também porque uma alma sem nenhuma tendência ou que dissimula a comoção é uma alma que deixou de sê-lo: uma alma desanimada, apática. No entanto, e com o sentido com que a palavra está aqui a ser usada, percebemos já que o *desejo* não se identifica, em nenhum caso, nem com a ânsia nem com a agitação. O desejo é compatível com a paciência, com a serenidade, com a simplicidade do dia a dia. Com aquilo com o qual ele não coincide de forma alguma é com o tédio generalizado ou com a indiferença em relação a tudo e a todos.

Assim sendo, a ascética do discernimento, embora em alguns casos tenha de suprimir, visa geralmente deslocar e priorizar. A ascética consiste precisamente em discriminar o que vale a pena e o que não vale. Por exemplo: a multiplicação dos desejos não costuma levar a lado nenhum. É verdade que a esse respeito, historicamente, foram feitos demasiados juízos morais precipitados, ao ponto de se considerar o prazer como mau. Mas é precisamente o contrário: não há nada de mau no prazer. O problema não radica nos prazeres, mas — tal como já foi dito — no domínio, na violência, na exploração, na alienação e no vórtice consumista. Ora bem, sem ser preciso castigar, sem ser preciso patologizar, o que é certo é que a desmesura acaba por cansar; farta e, ao mesmo tempo, esvazia-nos e seca-nos. E esvazia o mundo. A dessecação da alma anda de mãos dadas com a dessecação do mundo: enchemos o mundo de resíduos e esvaziamo-lo de vida. Além disso, como se não bastasse, as formas de alienação são classistas: os mais pobres são levados à frustração, muitos trabalhadores à inércia, e os que vagueiam pelo mundo das «produções culturais» são levados a um dandismo absolutamente superficial e esbanjador das coisas e das instituições. Os ricos, que acumulam sem cessar, banham-se na sua riqueza e delapidam o mundo.

Ao invés de interpretar as virtudes em termos de constrição, de penalização ou de contenção, é mais adequado fazê-lo em termos de alargamento do horizonte vital. Várias filosofias, como o epicurismo e o estoicismo, ou religiões, como o cristianismo ou o budismo, propõem uma discriminação dos desejos, mas não a sua anulação. Ainda que aqui a linguagem possa confundir-nos.

O que em caso algum é negado é a tendência, o anelo, a paixão profunda que o homem é. Uma coisa é a palavra *desejo* ser utilizada para se referir a essa tendência, outra coisa é ela ser usada para se referir àquilo que nos desvia dessa tendência. É evidente que essa confusão terminológica deve ser evitada. Que o estoicismo e o budismo pretendam a anulação dos desejos não significa, em absoluto, que voltem as costas ao anelo fundamental. Não é verdade que o monge budista quer e procura a iluminação? E isso não impede que se possam colocar questões paradoxais e que se diga, por exemplo, que o Buda *quer* saciar toda a sede, inclusive a da salvação, para que esta não seja um travão para si mesma.

É certo que há um tipo de desejos que, em vez de intensificar a vida, costumam incrementar a frustração. Porquê? Talvez porque se centrem demasiado na posse, ou naquilo que tem uma aparição demasiado fugaz. Por vezes, é a duração do desejo aquilo deve ser tomado como critério. Há desejos que duram muito pouco tempo, quer sejam ou não parcialmente satisfeitos. Por outro lado, há desejos que, com o passar do tempo, não apenas se mantêm como, inclusive, aumentam. La Rochefoucauld apontou, com grande acuidade, que, ao passo que a ausência destrói as paixões fracas, aumenta as fortes, da mesma forma que o vento apaga uma vela mas reaviva o fogo. Os desejos que não enfraquecem, mas que amadurecem com a espera, geram maior satisfação e estão na linha daquilo que é mais fundamental.

Somos de tal forma desejo que, por vezes, projetamos isto que é tão especificamente humano em tudo. Tal como fez Gregório de Nissa por meio do conceito de *epektasis*, com o qual pretendia significar não um movimento que termina quando se logra o que se procura, mas uma tensão que é sempre tensão. Segundo Gregório, a essência última da pessoa humana, e do mundo inteiro, seria a *epektasis*. E sim, podemos por vezes ter a impressão de que não só os humanos, mas também os outros animais e as plantas, e até mesmo as pedras, estão em trânsito, e que, a partir da sua aspiração particular, saúdam cada dia. Por conseguinte, e de acordo com Gregório, a melhor atitude para o homem é a *atenção*. Essa experiência e essa proposta conceptual de um bispo da Capadócia do século IV concatena-se surpreendentemente com as reflexões de Simone Weil quando ela fala de um desejo que não pode ser satisfeito em nada nem repousar em lugar algum. Também Weil acredita na eficácia espiritual do desejo. Quem deseja a verdade e lhe dedica toda a sua atenção entra no domínio da verdade. O desejo de bem é gerador de bem. O desejo do bem não é desejo de possuí-lo, mas de desejá-lo. Da mesma forma que o amor não procura ter amado, mas sim não deixar de amar.

Ainda que devamos e saibamos viver o presente como uma dádiva, não se pode desconectar este presente da aspiração ao porvir. Schopenhauer parece demasiado parcial quando afirma que a forma da vida é o presente. É muito bom sabermos celebrar o presente, e, no entanto, é próprio da vida humana nunca coincidir (ou satisfazer-se) com o presente. O desejo faz com que o presente difira de si mesmo. O *quid* da questão consiste em não apresentar uma alternativa falsa. Embora seja verdade que o anelo fundamental pressupõe uma vigília e uma tensão constantes, também não é menos verdade que se pode desfrutar já no presente de uma espécie de *suavitas divina*, de uma bonança íntima nas coisas mais simples da vida, e noutras não tão simples. No viver, que é *viver de* (de cerejas, do cheiro a menta, de relações...), já há gozo, embora o desejo que geramos, através da afeção infinita, seja desejo de infinito.

Ainda que os esclarecimentos sejam normalmente colocados no início, também é possível indicar alguns no final. Além de *desejo*, podem ser usadas palavras equivalentes: *anelo, paixão, tendência, dinamismo* e *ajuntamento*. Em função do contexto e da finalidade perseguida na exposição, cabe priorizar uma ou outra. Elegemos agora *desejo*. Para isso contribuiu o facto de a associarmos há muito tempo à palavra próxima *considerar*. Enquanto *considerar* (*considerare*) seria «contemplar o astro» (*sidus*), *desejar* (*desiderare*) seria «deixar de o ver» e, portanto, sentir a sua falta. De onde decorre esta bela imagem: *desejar assim que sentir a falta da estrela*. Com uma *nuance* importante e imprescindível: sentir a falta de uma estrela muito particular, se bem que nunca vista. Sentir falta não por uma carência, mas por afeção. Desejar: ansiar pela estrela ainda não vista, que, no entanto, já nos afetou. Muito profundamente mexeu connosco e muito profundamente nós gerámos o desejo. Isto é a vida.

IV

O paraíso impossível

«Não gosto do Paraíso
porque é domingo, sempre,
e o Recreio... nunca chega.»

Emily Dickinson,
Poema de 1862

No paraíso impossível não havia vacas. Não havia vacas porque, embora sejam extremamente importantes e sagradas em algumas culturas, são um animal *domesticado* que associamos imediatamente ao leite. Vaca é leite: vacas leiteiras. Mas é preciso muito esforço para produzirem leite. Depois de ter parido, a vaca tem de ser ordenhada duas vezes por dia, sem exceção e sem férias (isso, naturalmente, antes da tecnificação). Estas coisas andam juntas: vaca, leite, trabalho. No entanto, e uma vez que o fardo do trabalho monótono e pesado não fazia parte do paraíso, é forçoso concluir que nele não havia vacas leiteiras. De facto, ali, a domesticação seria supérflua porquanto todas as necessidades estavam perfeitamente asseguradas. E a vaca foi domesticada para nos servirmos dela como animal de tração, para nos fornecer o seu leite ou, uma vez abatida, para nos alimentar com a sua carne e, com o couro da pele, confecionarmos casacos e sapatos. Obviamente que tudo isto é anedótico e o importante não é o que havia ou deixava de haver no paraíso imaginado, mas *como* poderia ser ali a vida humana. A hipótese com que aqui trabalhamos é que, se virmos bem, *o melhor seria não estar nem no paraíso nem na tarde interminável do último domingo da história*. Ambas as situações revelam-se-nos igualmente inóspitas e asfixiantes, além de impossíveis.

A lógica a que responde o mito paradisíaco e as suas variantes é bem conhecida: de molde a pensar a condição humana, tenta-se sair dela reconstruindo uma situação inicial *anterior à queda* (Génesis), chamada «paraíso», ou uma situação prévia à propriedade privada e ao contrato social, denominada «estado de natureza» (Rousseau), ou uma situação utópica ou *pós-histórica* que ocorreria quando a história se tivesse cumprido (Hegel-Kojève). Em todos os casos, pretende-se pensar um começo absoluto ou um fim definitivo e perfeito que torne mais inteligível o *nosso intermédio e o nosso entrementes*. Paradoxalmente, esse hipotético absoluto só pode ser compreendido a partir do intermédio e da periferia que são a nossa condição. E, repetidamente, a imaginação falha e vai por água abaixo na tentativa. No entanto, todo este ingente trabalho figurativo sobre começos e fins não é em vão e dele é possível retirar algumas boas lições. Trata-se de variações imaginativas que, de repente, nos permitem adotar perspetivas inusitadas, a partir das quais alguns elementos da nossa periferia nos aparecem sob uma luz diferente. Mas a lição principal é mais geral: apercebemo-nos de que a condição humana não deve ser pensada a partir da ideia de *plenitude* (ideia que opera na especulação edénica e pós-histórica), mas a partir da intempérie da periferia e da afeção infinita. Por isso, embora reconheçamos no mito paradisíaco uma das criações poéticas mais geniais de todos os tempos, vislumbramos também nele uma conotação sub-repticiamente perturbadora.

Sobre o paraíso edénico

Para evitar mal-entendidos, comecemos por reconhecer e confessar que, ao prestarmos tanta atenção ao paraíso edénico, armadilhamos um pouco o caminho, porquanto isso é como se nos centrássemos na tangente. Os redatores do Génesis bíblico tinham como objetivo explicar a situação do mal e do sofrimento do mundo e, por isso, idealizaram o dispositivo da plenitude e da perda, do paraíso e da queda. Embora eles descrevam brevemente a plenitude para, muito rapidamente, passarem à perda, nós detemo-nos agora aqui na suposta plenitude, como se isso fosse o mais importante. Na realidade, o texto bíblico que fala do paraíso é muito conciso, e foram sobretudo os teólogos medievais que deram largas à sua imaginação, nem sempre conscientes do perigo que isso representava. Em suma, os aspetos mais problemáticos que emergem da descrição da perfeição são três: o relativo à paixão e à sexualidade, o relativo ao ócio e à vida regalada — sem a penalização do trabalho — e o relativo ao conhecimento. São aspetos da perfeição que, no entanto, se revelam muito inquietantes. O que é problemático na ausência de paixões ou no controlo total sobre elas — que na prática equivale à sua anulação — é uma vida sem a experiência da comoção e da emoção; uma vida sem vida. A ausência de trabalho permite-nos perceber que se trata de uma atividade cujo sentido não se reduz exclusivamente ao facto de ser um meio de sobrevivência. A falta de trabalho e a falta de paixão convergem num tédio sem fim. Por último, a ausência ou quase ausência de conhecimento ou pensamento crítico traduz-se no aspeto superficial, quase banal, dos habitantes paradisíacos.

Tudo isto pode ser «comprovado» a partir tanto dos comentários que Agostinho de Hipona e Tomás de Aquino fizeram sobre o paraíso terreste como nas divagações que um intrépido hegeliano contemporâneo articulou sobre a iminente pós-história.

Num texto intitulado *Sobre o Significado do Génesis* [*De Genesi ad Litteram*], Agostinho comenta que, provavelmente, as relações sexuais e a geração de filhos já ocorriam no Éden, mas acrescenta que tais relações estavam livres do «desordenado ardor da concupiscência» ([32]). O paraíso edénico ocupava uma área limitada, e Agostinho conjetura que ninguém ali morreria, uma vez que todos os seus habitantes comiam da árvore da vida. Por isso, acredita que o plano divino deve ter sido o seguinte: que as pessoas vivessem ali e tivessem filhos até se atingir um limite. Nessa altura, e considerando a boa conduta generalizada, Deus operaria

---

([32]) Santo Agostinho, *Obras*, volume XV (tradução de Balbino Martín), Madrid, BAC, 1957, p. 1015.

em todos os humanos uma mudança da sua natureza animal para outra, espiritual, de modo a que eles assim pudessem transitar, sem a tortura da morte, para uma situação totalmente distinta: a Glória — o paraíso celeste, que nada tem que ver com o terrestre, e que é inimaginável —, e onde já não seriam necessários nem alimentos nem nada que é próprio do corpo. Segundo Agostinho, se Adão e Eva não tivessem pecado, os acontecimentos teriam seguido esse curso: do paraíso terrestre, com uma feliz existência mundana, à Glória, com uma vida celeste eterna.

Recreemo-nos um pouco mais com a hipotética situação inicial descrita por Agostinho. O ato sexual era pulcro porque o homem dominava todos os movimentos do corpo, incluindo os dos órgãos genitais. A fórmula era esta: fazer amor sem ardor e parir sem dor. Também nesses inícios se percebe que eles pudessem andar nus sem sentirem vergonha, posto que nada na sua nudez era passível de ruborizá-los. Tudo sob controlo, voluntário e no momento certo:

> «Deus nos livre de acreditar que no meio de tal facilidade de comando e de tamanha felicidade os homens não pudessem gerar filhos sem o morbo da libido. Esses membros, como os demais, moviam-se consoante o arbítrio da vontade.» ([33])

Tomás de Aquino, para caracterizar a mesma situação, fala de *integridade*, entendida como pleno ordenamento do inferior para o superior, do sensível ao racional. O teólogo acredita que, enquanto em nós aparecem inclinações indevidas que arrastam a vontade, no Éden isso nunca aconteceu. A maior parte dos nossos problemas deriva do ferrete da concupiscência (apetite sensível), mas como no paraíso esse apetite estava plenamente ordenado pela vontade, a *impassibilidade* reinava espontaneamente. Segundo Tomás de Aquino, a paixão, em sentido restrito, refere-se às mutações que perturbam o sujeito humano (medo, tristeza, dor...). No estado paradisíaco de inocência, essas paixões não ocorriam. Tomás de Aquino também se detém sobre o tema do ato sexual e interroga-se «se no estado de inocência haveria

([33]) Santo Agostinho, *Obras*, volumes XVI–XVII, *La Ciudad de Dios*, Livro XIV, Capítulo 26 (tradução de José Morán), Madrid, BAC, 1958, p. 982.

geração por coito» ([34]). Ora bem, dado que a geração por coito é algo próprio da natureza animal dos humanos, o sábio que existe em Aquino, que tanta importância dá a tudo o que é por natureza, não pode negar que, no estado de inocência, esse ato era praticado. Mas depois acrescenta o mesmo que Agostinho: que em nenhum caso tal circunstância era acompanhada de estranhos movimentos e espasmos; os membros moviam-se numa completa sujeição à vontade, sem ardor e com serenidade. E, sim, havia gozo, mas sóbrio.

Todas estas divagações levam a concluir que quanto mais se fala, pior é. Quanto mais se quer explicar a hipotética situação inicial, mais áspera e embaraçosa ela se torna. Seja qual for a opção, o assunto vai-se deteriorando, como, por exemplo, no tema da alimentação. No paraíso impossível não havia vacas, mas havia leite e mel. Leite materno e mel nas cavidades das árvores. Em cada estação do ano, uma grande variedade de frutos amadurecia e pendia das mais variadas e esplêndidas árvores. Os habitantes do Éden comiam assim que experimentavam a mais leve sensação de fome. A abundância de alimentos, aliada ao facto de desfrutarem de um clima ameno e constante, era a razão da sua dieta vegetariana. Ninguém tinha precisão nem da pele nem da carne dos animais que, alguns mansos e outros um pouco mais selvagens, conviviam com os humanos. Tudo perfeito. Mas, depois, Tomás de Aquino interroga-se se eles defecavam. E, naturalmente, a resposta tem de ser afirmativa. E agora, que fazer? Que tipo de latrina podemos imaginar? São Tomás disse que tudo era feito de tal maneira que «não havia nisso qualquer indecência» ([35]). Vá-se lá saber!

Tudo guiado pela inteligência e pela vontade, obviamente. Mas eis que, nesse ambiente tão pulcro e perfeito, se percebe algo de perturbador. No rosto contente de Adão, e de todos os seus vizinhos, insinuava-se um incipiente e contido desassossego. Eram seis da tarde de um domingo.

([34]) São Tomás de Aquino, *Suma Teológica*, III, q. 98, a. 2 (tradução de Manuel Ubeda), Madrid, BAC, 1959, p. 675.

([35]) *Ibid.*, q. 97, a. 3, p. 668.

A pós-história ou o domingo da vida

O principal arquiteto contemporâneo da ideia do fim da história chama-se Alexandre Kojève, figura de enorme influência na filosofia do século XX. A expressão «o domingo da vida» foi introduzida por Raymond Queneau, discípulo e amigo de Kojève e renomado escritor francês. Foi Queneau que escolheu essa expressão como título de um dos seus romances mais conhecidos. O Domingo da Vida é a forma literária de falar da suposta suavidade que ocorrerá uma vez tendo a história atingido o seu ponto culminante e, portanto, tenha chegado ao seu fim, no sentido de que completou o seu ciclo.

Kojève nasceu em Moscovo, em 1902. Era sobrinho do pintor Vasily Kandinsky. Perdeu o pai quando tinha apenas três anos. Decidiu «fazer-se à vida» e deixou o seu país ainda muito jovem, quando já havia estado preso por tráfico de sabão no mercado negro. Começou por emigrar para a Polónia, onde também foi detido por suspeita de espionagem, e, depois de viajar para Itália, instalou-se durante algum tempo na Alemanha, onde estudou filosofia com Karl Jaspers e escreveu a sua tese de doutoramento sobre a filosofia religiosa de Soloviov. Numa entrevista concedida pouco antes da sua morte, recorda:

> «Gastei o meu tempo a aprender sânscrito, tibetano e mandarim. O budismo interessava-me pelo seu radicalismo. É a única religião ateia. Mas quando aprofundei os meus estudos, dei-me conta de que estava a seguir o caminho errado. Percebi que algo acontecera na Grécia, há 25 séculos, e que essa era a fonte e a chave de tudo. Ali foi pronunciado o começo da frase.» ([36])

Faltava saber o final. E isto é decisivo: Kojève faz de conta que a história da humanidade é semelhante a uma frase, assim como a vida de uma pessoa — exatamente o oposto da convicção que orienta este ensaio: que se somos uma frase, trata-se de uma frase muito estranha, porque tem um princípio, mas o fim, se houver um, é muito menos claro do que parece.

([36]) Entrevista com Gilles Lapouge: «Les philosophes ne m'intéressent pas, je cherche des sages», *Quinzaine Littéraire*, n.º 53, 1968.

Foi depois para Paris, onde se dedicou basicamente a viver bem e a distrair-se. Kojève revelava uma extraordinária capacidade de sedução, e assim começou uma aventura de sequências muito determinantes. Kojève seduziu a mulher do irmão de Alexandre Koyré — filósofo de reconhecida autoridade nos meios académicos da época. Toda a família de Koyré ficou preocupada, e a sua mulher pediu-lhe que falasse com o jovem envolvido para esclarecer a situação e tentar salvar o casamento entre a sua cunhada e o seu cunhado. Embora com algumas reservas, Koyré acedeu. O resultado da conversa foi surpreendente. O professor Koyré regressou maravilhado: «Este jovem é melhor do que o meu irmão; compreendo a minha cunhada...», confessou à mulher. De todo o alarido nasceu uma estreita amizade entre Kojève e Koyré. Alguns anos mais tarde, quando Koyré foi nomeado para um cargo na Universidade do Cairo, pediu ao jovem Kojève que o substituísse num seminário na École des Hautes Études de Paris. Foi essa a origem do célebre seminário de Kojève sobre a *Fenomenologia do Espírito*, de Hegel, que era suposto ter durado um semestre, em 1933, e que, no entanto, se prolongou pelos seis anos seguintes.

No início, Kojève era um desconhecido, mas muito rapidamente a palavra espalhou-se, e por esse seminário haveria de passar uma longa lista de indivíduos que, no futuro, se tornariam figuras de renome no mundo intelectual francês e europeu: Alexandre Adler, Raymond Queneau, Roger Caillois, Gaston Fessard, Georges Bataille, Jacques Lacan, Éric Weil, Raymond Aron, Maurice Merleau-Ponty, Aron Gurwitsch, Pierre Kaufmann, André Breton, Jean Hyppolite, etc. Kojève continuava a exercer os seus extraordinários dotes de sedução, porém, agora não nas noites parisienses, mas no âmbito académico. Deslumbrava como se fosse um mágico. E o que é que ele ensinava? Bem, que a história se detém quando o homem deixa de atuar no sentido próprio do termo, isto é, quando já não nega; quando já não transforma o dado — natural ou político. E o homem não nega quando a realidade o satisfaz plenamente. Ora bem, se o desejo fundamental do homem é o reconhecimento, a completude da história deve coincidir por força com o reconhecimento de todos. Segundo Hegel e Kojève, esse reconhecimento seria aquilo que ocorreria no Estado pós-revolucionário; Estado de direito que realizaria formalmente a liberdade e a igualdade.

No fim da história, o filósofo torna-se sábio, e o sábio não é senão o «filósofo de Estado». Kojève decidiu que, entre Platão e Hegel, quem tinha razão era este último. O desacordo entre ambos surge da questão de saber se o filósofo pode alcançar a sabedoria. Platão responde que não; Hegel diz que sim. E é no fim da história que o sábio poderá estar lado a lado com o estadista, com a mesma tarefa: a extensão pragmática da racionalidade. Ora bem, o sábio já não é propriamente humano, não no sentido em que o homem histórico o era. É, antes, um deus cuja imortalidade consiste na sua sabedoria, isto é, no cumprimento do saber. Mas os sábios são poucos. E o resto das pessoas segue outras vias. É aqui que se insere a pergunta sobre o que acontecerá ao homem no fim da história. Em que é que ele se converterá? Ou, talvez, em que é que ele já se está a converter? Parece que os seres humanos se transformariam em mansas bestas que passariam o tempo entregando-se à arte, ao desporto e a fazer amor. Embora a princípio parecesse que o porvir pós-histórico traria consigo um sujeito humano livre e racional, o olhar penetrante de Kojève descobre indícios de um retorno à animalidade. Com efeito, a consumação das tarefas humanas pode coincidir com a decadência da humanidade, com a rebarbarização ou com a reanimalização do homem. Ou então, em alternativa, pode ocorrer também uma espécie de snobismo comportamental: uma vida ainda humana, mas desprovida de todo o valor, que, ao invés de praticar um consumismo tempestuoso e torpe, adote um estilo lúdico, desfrutando superficialmente da pintura, da música, do cinema, do teatro e do erotismo. Então, a verborreia animalesca seria substituída por silêncios intelectualoides combinados com tiradas aparentemente cultas e com alguma frívola opinião sobre a imundice dos retardatários que continuariam ainda a suar a camisa na luta histórica.

No meio do panorama assim esboçado, Kojève teve de se considerar ou um snobe ou um deus. Neste segundo caso, porém, não por exibir atributos como a omnipotência ou a majestade, mas outros como a ironia e o jogo. Em público, costumava dizer «meu colega» referindo-se a Deus. Certamente que mais que uma pessoa terá pensado que Kojève havia perdido o juízo. O episódio que contou a um seu amigo é ainda melhor: «Digo à minha secretária que sou um deus, e ela sorri.» E na supracitada entrevista ele declarava:

> «É verdade que não se pode aceder à sabedoria a não ser que se acredite na própria divindade. Mas as pessoas sãs de espírito são raras. O que é que significa ser divino? Pode tratar-se de sabedoria estoica ou de jogo. E quem joga? Os deuses. Como não têm obrigações, jogam. São deuses folgazões!»

Certamente valerá a pena lembrar: o que é que fazem os deuses? O que é que eles podem fazer? Os deuses têm todo o tempo e, por isso, são forçados a encontrar maneiras de se distraírem. Uma dessas maneiras é o jogo. Os deuses jogam, jogam aos dados, por exemplo. Folgazão? Folgazão é aquele que não quer trabalhar ou que se acostuma a não o fazer. Mas, na realidade, o trabalho propriamente dito desaparece no fim da história. Então, o que é que se pode fazer para não se ser folgazão? Nisso sim, seguramente que haverá uma disposição vital — por assim dizer.

> «Sou folgazão. Escrevi este livro [*Essai d'une histoire raisonnée de la philosophie païenne*] há 18 anos, porque estive doente durante um ano inteiro, estava entediado e ditei-o. Considerava-o parte das minhas obras póstumas, mas Queneau e Gallimard insistiram na sua publicação. Há quatro anos, escrevi outro volume, mas hesito em publicá-lo. Porquê? Sou folgazão e gosto de jogar... como agora, por exemplo.» ([37])

Isto foi o que Kojève declarou ao atónito entrevistador. Kojève morreu em 1968, em Bruxelas, vítima de um ataque cardíaco enquanto participava numa reunião política de alto nível. Não o referimos antes: no fim da guerra, Kojève começou a trabalhar para o governo francês; em pouco tempo, acumulou muito poder e autoridade, e foi um dos arquitetos da Comunidade Económica Europeia. Parece que, ao saber da sua morte, Lacan — um dos seus alunos no famoso seminário — terá aparecido em sua casa, em Paris, apropriando-se de um exemplar da *Fenomenologia* com anotações manuscritas. Auffret — biógrafo de Kojève — suspeita que Lacan também terá levado consigo um original sobre Hegel e outro sobre Freud. Os sábios são escassos, e a originalidade também; enquanto Kojève a tinha de sobra, Lacan devia estar a passar por momentos de carestia.

([37]) «Les philosophes ne m'intéressent pas, je cherche des sages», *Quinzaine Littéraire*, n.º 53, 1968.

Em 1999, o jornal francês *Le Monde* publicou uma notícia desconcertante. Duas fontes bem documentadas provaram que Kojève havia sido, durante mais de 30 anos, um espião soviético. Por trás do filósofo intérprete de Hegel e do europeísta pragmático e eficaz, escondia-se um agente russo. Mas isso não significa que o europeísmo de Kojève fosse apenas uma máscara. Muitas vezes os antagonismos ocorrem apenas na superfície, sendo que no fundo eles desvanecem-se. Kojève era as duas coisas ao mesmo tempo: europeísta e agente do KGB. Fukuyama — que se tornou famoso reproduzindo a ideia de Kojève em 1989, no seguimento da queda do Muro de Berlim — provavelmente não suspeitava que Kojève fosse um agente soviético. O funcionário do governo dos Estados Unidos orientado filosoficamente por um espião comunista! Ironias da história, ou da pós-história. E satisfação póstuma para um deus brincalhão.

O tédio

De facto, o que é que Kojève fez para não se entediar? Jogar, como os deuses, mas também como as crianças. Jogou até ao limite. Sedutor, professor de filosofia, diplomata, espião... Para passar o tempo, o que é que os deuses podem fazer senão jogar? Mas nem todos se creem divinos ou são capazes de jogar dessa maneira.

Há um tipo de trabalho que por si só, e com o esforço que implica, faz sentido. Faz sentido fazê-lo, faz sentido terminá-lo e faz sentido descansar dele. Obviamente que há também um tipo de trabalho insensato e alienador. Há o ócio prazeroso, interrupção do trabalho, dedicado à diversão, ao jogo ou à contemplação... Mas há o ócio que decai em tédio. E o tédio é a vitalidade mínima, a paixão mínima, a ilusão mínima. Não é a morte, mas sim a esbatida sombra do nada. E essa sombra está presente tanto no cenário edénico como no pós-histórico; é uma sombra que aparece *muito particularmente* em hipotéticas situações de plenitude.

No paraíso, não havia trabalho, nem esforço, nem dor. Talvez os seus habitantes tivessem a sorte de poder cuidar das árvores de fruto, da mesma forma que hoje se cuida de um jardim: dedicação agradável e para passar o tempo. Cultivar o jardim edénico seria também uma ocasião para meditar sobre a grandeza de Deus, observando como das minúsculas sementes nascem as plantas e as formosas árvores, e como estas dão os frutos mais doces. Haveria também um sentido alegórico nessa dedicação paradisíaca decorrente do paralelismo entre cuidar do jardim, cuidar do corpo e cuidar da alma de molde que essas coisas melhorem e não se estraguem. Não é nada bom parar de regar, comer mal ou seguir um mau conselho. Viver seria cuidar e cuidar de si, já no Éden.

Mas aquilo com que é preciso lidar não é com esse trabalho leve e bem-vindo, mas com um ócio falho de satisfação e sentido, cuja sombra desloca o gozo da vida e acaba por ser não a sombra de algo, mas ela mesma o centro de tudo. Quando se tem tudo, quando parece que já nada falta, quando se diria que tudo é luz e perfeição e que já estamos no paraíso terrestre, talvez seja então que *algo acontece*. Entre muitas outras obras literárias, podemos encontrar essa ideia incisivamente refletida em alguns fragmentos de *Julie, ou la nouvelle Héloïse* [*Júlia, ou a Nova Heloísa*], que é um extenso romance epistolar de Rousseau. Numa das cartas, já para o final da obra, a protagonista descreve ao seu amado o estado de felicidade em que se encontra: sem rivalidades nem problemas, tendo conseguido tudo o que queria, sem nada mais que imaginar ou desejar. ([38]) Mas, paradoxalmente, algo de estranho ocorre nessa situação tão cómoda, situação que é perturbada por uma inquietação pungente. Uma vez reconhecida e saudada a feliz plenitude, sente-se um desassossego que emerge do coração: «Sou muito feliz; a felicidade entedia-me. Conhece algum remédio para este fastio do bem-estar?» Na verdade, ao dar-se conta de que sem desejos é-se infeliz, ela já tinha extraído a lição que daí havia a retirar: «Desfruta-se menos daquilo que se obtém do que daquilo que se espera, e não se é feliz senão antes de se ser feliz.» E ainda: «Viver sem tristeza não é um estado do homem; viver assim é estar morto. Aquele que tudo pudesse, sem ser Deus, seria uma criatura miserável, porque estaria privado do prazer de desejar.»

Rousseau aproveita a ocasião para se referir ao clássico tema do tédio no que diz respeito à solidão do tirano e do déspota: «Aspirar a ser déspota é aspirar a morrer de tédio», e ainda por cima fazendo sofrer os outros. O tirano aspira veladamente a morrer de asco, mas eis que, na sua tentativa, enfada e maltrata as pessoas. Repleto de razão e com a consciência pesada por ter

---

([38]) Jean-Jacques Rousseau, *Julia, o la Nueva Eloísa* (tradução de Pilar Ruíz), Madrid, Akal, 2007. Atenção especial à oitava carta da VI parte.

participado nela, Dom Quixote abandona a doentia ociosidade da nobreza. Poderíamos continuar: seguramente que a violência tem mais do que uma fonte, mas o tédio dos tiranos, dos déspotas e dos poderosos de todas as épocas é uma delas. No entanto, o tédio não afeta apenas as elites. Hoje, a violência alimenta-se dos desesperados (por causa da miséria e da marginalização social), mas também dos entediados, que são um tipo muito particular de desesperados.

Naturalmente que podemos sempre ter alguns momentos de tédio, o que pode até ser saudável. Mas aquilo de que agora estamos a falar é do tédio que impregna a vida de uma ponta à outra. Por isso, o jogo infantil é já metafísico; incrementa a alegria de viver ao mesmo tempo que aplaca a ameaça da finitude que logo começa a fazer-se sentir na sensibilidade meninil. A criança vê a possibilidade de ser feliz com o jogo. Abandonar-se à inércia é ir de encontro ao tédio, ao mau humor e à angústia. O tédio acompanha a acentuada diminuição do desejo, da vida, da tensão, e dá lugar a uma espécie de tendência mínima sem qualquer tipo de orientação, sem objeto nem objetivo. É a inquietude mínima em direção a nada; é o apetite inapetente; o ânimo desanimado. Tendência frustrada, tendência desolada, tendência sobre a qual caiu a névoa do nada. Tendência desvanecida ou tendência para a antitendência. Apatia.

Mark Twain, na sua irónica e sagaz obra *Os Diários de Adão e Eva*(39), conta que, muito rapidamente, a Adão o que custava mais era passar os domingos, precisamente porque, embora durante a semana houvesse poucas coisas para fazer, ao domingo não havia nenhuma. Kierkegaard, no texto *Enten-Eller* [*Ou-Ou: Um Fragmento de Vida*(40)], insiste na mesma coisa: primeiro era Adão que se entediava, depois Adão e Eva, e, por fim, Caim e Abel; depois, populações inteiras entediavam-se. Por isso, construíram a torre de Babel. E cada vez se entediavam mais. De Kierkegaard, precisamente, pode-se retirar a distinção entre ócio e tédio. Costuma dizer-se que a ociosidade é a mãe de todos os males e a preguiça a mãe de todos os vícios, mas, se esmiuçarmos melhor a coisa,

---

(39) Mark Twain, *Os Diários de Adão e Eva* (tradução de Maria do Carmo Figueira), 3.ª edição, Amadora, Cavalo de Ferro, 2017. [*N. do T.*]

(40) Søren Kierkegaard, *Ou-Ou: Um Fragmento de Vida* (tradução de Elisabete M. de Sousa), Lisboa, Relógio D'Água Editores, 2013. [*N. do T.*]

veremos que o monstro terrível é o tédio. Segundo Baudelaire, esse monstro «De bom grado converteria a Terra em escombros / / e num bocejo o mundo seria engolido.»

Ociosidade e tédio não coincidem. Pode haver uma ociosidade prazerosa, que seja uma pausa do esforço do trabalho. Por outro lado, o tédio é o enfado que apaga a vida, sendo que pode afetar e fazer degenerar tanto a diversão como o trabalho. Tudo o que é afetado pelo tédio esvazia-se substancialmente, e deixa de pulsar e de vibrar. O tédio, diz Kierkegaard, é o «panteísmo demoníaco»: uma vez que se apodera de nós e nos absorve, é dificílimo livrarmo-nos dele.

O enfado-tédio é, por conseguinte, como uma doença que diminui a vida, a vitalidade. Uma espécie de cansaço de viver. Não há nada em concreto que entedie, mas tudo e nada. Assim, já nada se deseja, já por nada se anseia, quase nada se sente... Nada nos agrada, nada nos faz desfrutar, nada nos põe em tensão, nada nos faz esperar. Ao passo que a intensificação da vida tem que ver com o partilhar, no tédio isso revela-se impossível: nele estamos absolutamente isolados, e dessa forma descobrimos a inesperada cumplicidade entre panteísmo e solipsismo.

Poderíamos resumir as coisas da seguinte maneira: a vida humana é uma articulação de mediações e de imediações. O trabalho, o desejo, o pensamento, a esperança... são mediações. A satisfação intensa e o descanso, imediações. Imaginamos a plenitude como uma série de imediações, e eis que, por isso mesmo, ela se revela sufocante e, literalmente, desesperadora. A plenitude imaginada, imediação sem mediação, é inumana. Afeta aqueles que parecem ter tudo: reis e deuses. Como dizia Alain, «os deuses, se existirem em algum lugar, devem estar um pouco neurasténicos». Daí que eles invejem os desejos, as paixões e as aspirações dos mortais. A felicidade necessita de algum tipo de aspiração; requer a geração do desejo e da ação. Felizmente, na periferia há sempre muito trabalho a fazer. Por vezes, não parece, porque o bem-estar provisório e a propaganda da imediação nos atordoam. Ante o muito que resta fazer, trata-se de começar: começar a política do meio palmo, começar a ler, começar a caminhar, começar a ouvir música, começar a ordenar... e seguir a frase da vida, sabendo que é certo que ela tem um começo. A ação engendra futuro. Empenhemo-nos nisso — seja o que for, porque o que conta é começar — e o mesmo efeito inacabado, por ser inacabado, parece que puxa por nós e nos induz a continuar. Não há nada melhor do que começar para continuar. Às vezes é difícil — por indecisão, por preguiça, pela dificuldade intrínseca do assunto… —, mas uma vez dado o primeiro passo, é como se o vento soprasse já a favor e, a dada altura, como se pudéssemos navegar a todo o vapor. Acontece, além disso, que nos lembramos melhor do trabalho inacabado, da obra incompleta, do que das operações concluídas, dos problemas resolvidos ou das questões arquivadas.

Para concluir: a vida paradisíaca é inimaginável, tal como o númeno kantiano. Qualquer intento de consumá-la está fadado ao fracasso, pelo menos parcial. Os esboços sobre a ideia de plenitude conduzem ao oposto daquilo que se procurava. A imaginação paradisíaca, pretendendo intensificar a vida, fá-la, pelo contrário, desaparecer. No paraíso, não há nem paixão, nem filosofia, nem vida. Daí que a vida humana se dê na periferia do paraíso impossível.

Adenda: a dificuldade da existência não é uma doença

Se a vida é paixão e desejo, e se a nossa situação é a da periferia, convém sermos cuidadosos e não patologizarmos mais do que o necessário, nem contribuir para que nos sintamos frustrados ou mesmo culpados. Por paradoxal que pareça, o verdadeiro olhar clínico patologiza muito pouco, ao passo que, pelo contrário, a degeneração desse olhar não para de fazê-lo. O olhar clínico é o mais atento à condição humana de vulnerabilidade e afetabilidade. Sabe que todos os equilíbrios são precários e que a plenitude não é deste mundo. O olhar clínico não pressupõe paraísos e, por essa razão, é mais propriamente humano. As extensas listas de transtornos mentais não provêm desse olhar, mas, em parte, de más definições maximalistas e de uma incompreensão da vida.

A expressão «olhar clínico» é utilizada por Flaubert numa carta em que critica o romance *Graziella*, de Lamartine. Diz ele nessa carta: «O autor não teve o olhar clínico da vida, essa visão do verdadeiro que é o único meio para atingir os grandes efeitos da emoção.» Segundo Flaubert, é o olhar clínico que dá grandeza à narrativa porque capta a paixão das pessoas. É curioso, inspirador e digno de louvor que esse olhar se chame, precisamente, «olhar clínico». Tanto no médico por vocação como no filósofo há um olhar que capta o abismo e que vê que a patologia não é tudo. O olhar clínico percebe a paixão da vida; o facto de que a vida é sofrimento e gozo, tristeza e satisfação. Por ser portador de semelhante empatia, o olhar clínico é condição da boa literatura.

Há que ampliar o sentido do médico e restringir o do patológico. Para que tal aconteça, é muito oportuno clarificar um termo. Da palavra grega *pathos*, que significa o que se sofre ou se sente (sentimento, paixão, afeção), derivou, já com um sentido restrito, a palavra *patologia*, que indica o estudo não daquilo que nos afeta em geral, mas unicamente do que é nocivo, isto é, das afeções que provocam distúrbios, perturbações, males. Assim sendo, vemos que há afeções-paixões que celebramos, como o enamoramento; há afeções-paixões que são próprias do sentirmo-nos viver, como a tristeza ou a angústia, que devem ser enfrentadas, sem necessidade de considerá-las uma doença; e, por último, existem afeções-paixões que nos fazem mal, como as infeções ou os traumatismos, que a patologia estuda para tentar curar.

O olhar clínico sabe, portanto, que é conveniente alargar o sentido do clínico e restringir o do patológico; que é conveniente denunciar a patologização da vida (anti-psiquiatria e medicinas alternativas incluídas); que *a dificuldade da existência não é uma doença*; que «o homem não tem remédio»; e que vivemos na periferia. Naturalmente, o olhar clínico não se restringe a uma única profissão.

Alargar o sentido do clínico e restringir o do patológico significa não olhar para o outro procurando, desde logo, o problema que ele tem. A ascensão das medicinas alternativas não diminuiu essa mania, muito pelo contrário. Para onde quer que olhemos, há terapeutas ansiosos por educar-nos a respeito dos nossos problemas. Protagonistas de visões que patologizam a vida. Substitutos da medicina oficial que, no entanto, incrementam, por outro lado, a falta de comedimento. A psicanálise e os seus herdeiros têm sido a vanguarda desta patologização. Pobre Édipo! Se soubesse que, além da terrível tragédia que, segundo a lenda, lhe coube viver, ainda teria de ver, como se tal não bastasse, o seu nome ligado a um «complexo».

A dificuldade da existência não é uma doença. É por isso que cuidar de alguém não significa necessariamente que essa pessoa esteja doente. O jardineiro cuida das plantas, mesmo que nenhuma praga as flagele. O mesmo se aplica em relação a nós.

Ter em mente que a dificuldade da existência não é uma doença pouparia diagnósticos tendenciosos e más práticas. A dificuldade tem que ver com a vulnerabilidade essencial que nos coloca à mercê da intempérie física e metafísica, mas também tem que ver com o medo que por vezes sentimos perante o abismo da nossa própria liberdade. O olhar clínico observa as afeções que nos causam danos e procura remediá-las. Mas observa *também* a dificuldade da existência e tenta ajudar, sem colocar mais rótulos do que o necessário. O olhar clínico coincide com o filosófico, que é, ao mesmo tempo, o cuidado de nós mesmos e dos outros. Filosofia, cuidado da alma e olhar clínico tornam-se equivalentes.

Há remédios e medicinas e tratamentos, todos no plural, que se adequam a determinadas situações e afeções, mas não existe o remédio para a vida. Isso significa que, por vezes, se não nos sentimos bem, é necessário que procuremos um remédio específico, mas, outras vezes, ao apercebermo-nos de que o que nos está a acontecer procede das afeções essenciais da vida, o que é necessário é outra coisa: compreendermos, acima de tudo, que esta é a situação fundamental. Situação que, na melhor das hipóteses, deve poder ser expressa em palavras. Afortunadamente, desde a tragédia grega até ao existencialismo contemporâneo, a tradição ocidental tem vindo a cunhar vocabulário suficiente para o fazer. Atualmente, porém, parece que aos norte-americanos, e cada vez mais aos europeus, lhes falta linguagem para expressar a dificuldade da existência, resultando daí tanta frustração, tanto mal-estar e tantos comprimidos. Há um défice de palavras que possam expressar e, mais ainda, de palavras acolhedoras para curar.

Por outras palavras: há que disponibilizar medicinas e remédios quando tal é adequado, quando, de alguma forma, o esquema causal funciona. Mas esse esquema nem sempre se aplica à vida humana. O sentido da vida não é algo. Isso implica o facto de que nem sempre é possível explicar o alto a partir do baixo, nem o todo a partir das partes. Nem sempre há algo *por trás* dos sintomas. O sentido da vida não é um «algo», não é algo que possa ser assimilado a uma causa material ou orgânica. É orientação, anelo ou desejo da própria vida. Por vezes, procuramos a causa da tristeza de uma pessoa, ou aquilo que está por trás de lhe custar trabalhar, ou de não ter relações sociais, ou de essa pessoa se sentir angustiada... Mas e se não houver causa? E se o que estiver em jogo for o sentido? E se, mais do que explicação, o necessário for orientação? Se por explicar se entende encontrar a causa de algo, por vezes há que *parar com a explicação*. Não nos podemos explicar. No fundo, e talvez felizmente, não nos podemos explicar.

O torpe olhar patologizante procede do paraíso impossível. O olhar clínico, pelo contrário, emerge da periferia. O olhar clínico é compassivo e genuinamente solidário, e dele brotam palavras benéficas: «Envolve-o nas palavras da tua voz como outros ligam as suas feridas», escreve John Berger no romance *G*. Olhar clínico e palavras de cura são próprios das pessoas boas, das pessoas magnânimas. Há pessoas assim em todos os recantos da periferia; com a sua maneira de ser, elas curam as feridas do mundo.

V

A felicidade da periferia chama-se «generosidade» ou «bondade»

Periferia

Melhor do que o páramo, melhor do que o áureo: não são a periferia de nenhuma urbe, nem de nenhum castelo, nem de nenhum paraíso. Anarquia topológica. Periferia sobre a terra e sob o céu. Não há centro, apenas periferia. Periferia sem nenhum núcleo detentor de significação principal. E se a significação principal fosse precisamente a de periferia? É melhor não ansiar nem pelo centro nem pela plenitude; pelo contrário, há que valorizar a qualidade de periferia. É verdade que o centro, enquanto centro, pode organizar o território. Por outro lado, que ponto de referência teremos na periferia? Aqui, parece que não podemos ordenar, uma vez que tudo é periferia. Mesmo assim, há um significado da periferia enquanto tal. A condição do significado é a intempérie, e o próprio significado, o movimento de amparar a vida das pessoas. A intempérie e a desagregação da periferia levam à resistência e ao amparo, mas eis que nenhuma delas procura preservar um tesouro incólume, mas sim cuidar da vulnerabilidade do ser humano, que é, igualmente, presença geradora. Ampara-se a vulnerabilidade por ela mesma, mas também se resiste tendo em vista a geração e a generosidade.

Convenhamos, não há, então, centro, nem plenitude, nem interioridade. Ou, para usar uma terminologia «mais filosófica», não há nem domínio da representação, nem da razão, nem de qualquer outra coisa. Se houvesse, a periferia seria secundária e definível a partir desse centro. A periferia é a comarca do humano; não há outra. Na periferia não conta nem a identidade maiúscula nem a posse absoluta. A periferia constitui-nos. E nós habitamo-la. Porque é que não deixamos de representar centros e de desfraldar a violência da posse? Se reconhecêssemos tudo como periferia e nada como centro, poderíamos tecer uma rede de periferias, de tendas, de refúgios, que juntaríamos para criar amplos espaços de convivência. Pode ser que a anarquia acabe por não coincidir com o caos, mas antes com o ajuntamento.

Na periferia, até o sedentarismo é nómada. Não faz sentido uma instalação definitiva. Há casas, que são centros existenciais e modestos; centros provisórios na periferia, proteções contra a intempérie. Habitamos nomadamente, embora haja quem se mova muito pouco. Por vezes, resistimos à degeneração e esforçamo-nos por construir uma periferia digna, hospitaleira e fraterna, infelizmente não isenta de sofrimento, mas sim de violência e de indiferença.

Sem a plenitude de nenhum centro, há lugar para a felicidade?

A felicidade da periferia

A conclusão que se tira do desejo que somos e da nossa condição de periferia é que não pode existir algo como um *estado* perfeito e permanente de felicidade. Uma vez que não existe paraíso, nem sequer particular, o mais adequado é, ao contrário do que se costuma fazer, não nos referirmos à felicidade como um estado de plenitude. O lugar-comum de que «toda a gente procura a felicidade» leva à confusão. Parece que é preciso procurar a felicidade como quem procura cogumelos. Como se a felicidade fosse algo que pudesse ser encontrado de uma só vez, ou como se fosse um estádio que, uma vez alcançado, se instalasse para sempre. É possível pensar a felicidade de outro modo? *É imperativo* que o façamos. Embora valha a pena compreender igualmente a posição daqueles que, de maneira cabal, optaram por não falar de felicidade porque ou a consideram uma palavra demasiado desvirtuada ou porque é algo descabido e insensível dizer-se feliz num mundo com tanto sofrimento. Têm razão. Mas e se a felicidade fosse outra coisa e não uma posse? E se, tal como não existe paraíso, tão-pouco houvesse algo como um «estádio da felicidade»? E se essa pretensão de não se desejar nada porque, supostamente, já se possui tudo fosse uma equivocadíssima maneira de pensar o movimento da vida? Verificámos que esse estado de deleite completo e perfeito é inimaginável, da mesma forma que é inimaginável a posse da sabedoria total. Tal posse não é da ordem do humano, ao passo que, em contrapartida, a filosofia é-o, a paixão pelo pensamento.

Impelidos assim a conceber a felicidade como algo diferente de um estado e um estádio, não será muito difícil encontrar uma primeira pista preciosa. Aristóteles observava já que a felicidade tem que ver, acima de tudo, com a *ação*: «agir bem é o mesmo que ser feliz»([41]), o que pode ser usado para sustentar que é como consequência do que fazemos e do caminho que vamos percorrendo que poderemos vir a experienciar algum tipo de satisfação, relativa, portanto, ao itinerário e às metas que vamos alcançando. O sentirmo-nos bem estaria subordinado a um percurso de vida e de ação. Satisfação pelo «trabalho feito», pelo vivido..., a partir da perspetiva que nos pode ser dada pelo facto de nos sentarmos durante algum tempo num dos recantos do caminho, ao ar livre. O caminho implica audácia e perseverança. Assim, quanto mais se sabe de música, mais se desfruta; quanto melhores as leituras, mais prazer se obtém; quantas mais coisas bem feitas, mais alegria. Ação, caminho, esforço... Daí que sejam tão adequadas expressões do tipo «estás a sair-te bem» ou «isto está muito bem». Expressões análogas e intercambiáveis, embora «está muito bem» talvez seja mais utilizado se a ação tiver um carácter *poiético* (instrumental), enquanto «estás a sair-te bem» seja usada especialmente se a ação for *praxis* (isto é, uma relação dialógica com os outros). Eis aqui a segunda pista valiosa: o facto de nós próprios o vermos ou de alguém em quem confiamos nos dizer que «estamos a sair-nos bem».

O que é que isso pressupõe? Bem, obviamente que o sentido da vida não nos é dado; que o caminho da vida de cada um de nós não está predeterminado; e que temos de encontrar uma bússola

---

([41]) Aristóteles, *Ética Nicomáquea* [*Ética a Nicómaco*], 1094 a.

e um rumo. E pressupõe também que podemos ir na direção certa ou que nos podemos extraviar; que podemos avançar ou retroceder, amadurecermos ou dissiparmo-nos. Consolidar o passo na direção certa: é daí que vem a felicidade. E quando a filosofia contribui para tal consolidação, converte-se na sua fiel aliada.

Cada vez que sentimos que «estamos a sair-nos bem», confirmamos o acerto e o sentido do itinerário. Cultivarmos as amizades, dedicarmo-nos à família, trabalharmos bem, cuidarmos dos necessitados, envolvermo-nos na comunidade, enfrentarmos as perdas, determo-nos... Ações *sensatas* (isto é, sentidas e orientadas), afastadas do labirinto, do caos, do absurdo. A experiência da felicidade coincide com a da *orientação*, a qual, sem dúvida, está relacionada com a satisfação e com o prazer, mas que, de forma alguma, é incompatível com a dificuldade ou com o sofrimento.

Outro indício que há que ter em conta: enquanto os marcos da felicidade tendem a alargar o horizonte, há outros que, pelo contrário, o fecham, ainda que possam ser momentaneamente prazerosos. Convém sublinhar o plural: marcos, muitas vezes quotidianos, que orientam, também quotidianamente, as nossas ações; marcos que, apesar da proximidade, remetem para uma profundidade inalcançável. Há uma metafísica do amparo, do humor, da jocosidade, do olhar, da gratidão... Marcos quotidianos em cujo seio jaz também o divino. Podemos permitir-nos traduzir, em sentido lato, a palavra grega que corresponde a felicidade, *eudaimonia*, por «o divino da proximidade» ou «a proximidade do divino». *Feliz é aquele que caminha com o divino.* Mística inefável? De todo. Experiência comum. Se alguém perguntasse que vestígios temos na vida quotidiana da proximidade com o divino ou como podemos saber se a ação está orientada para o divino, recorreríamos de novo à simplicidade do «estamos a sair-nos bem», que, quando nos é dirigido, costumamos guardar como delicada dádiva. Embora não fosse o objetivo principal, a verdade é que com esta forma de tratar a felicidade conseguimos reduzir significativamente o índice de frustrações. Se a felicidade for entendida como estado e estádio de plenitude, a deceção está assegurada, ao passo que se ela for entendida como itinerário orientado, torna-se mais «democrática», deixa-se experienciar e pode, inclusive, chegar a fazer-nos companhia nalguns dos troços desse caminho.

A felicidade não está nem no paraíso nem na utopia pós-histórica, mas no itinerário presente e no «céu», que é um dos termos plásticos para nos referirmos à alteridade-infinito, e que não se deve presumir como estando muito longe. Mais uma vez, ao contrário de Sartre, segundo o qual «o inferno são os outros», pensamos que o céu tem de estar vinculado a algum tipo de ação interpessoal. É verdade que a proximidade, em parte, é a simplicidade mais elementar, e é por isso que acompanhamos Epicuro quando ele afirma que não ter fome, não ter sede e não ter frio é já suficiente para começar a ser feliz. Mas falta algo essencial que também faz parte da proximidade: o gesto de amparo e de generosidade para com os outros. Eis o caminho orientado e vizinho do divino e do céu.

A generosidade de *Félix*

O gato *Félix* é um dos personagens míticos do início do cinema mudo, que, décadas mais tarde, chegaria à televisão. Com um sorriso de orelha a orelha, o cativante *Félix* tirava da sua maleta mágica as coisas mais inesperadas para com elas conseguir resolver as contrariedades em que ele e os seus amigos muitas vezes se encontravam. Coincidentemente ou não, esta imagem tem muito que ver com o significado etimológico do nome. Em latim, temos três palavras afins, mas com diferenças muito sugestivas: *fortunatus*, «cheio de sorte, de fortuna»; *beatus*, «transbordante de bens e de virtudes»; e, por fim, *felix*, «beneficiado pela fecundidade". Que *felix* e *felicitas* indiquem algo relacionado com a fertilidade assenta-nos que nem uma luva. Feliz é o fecundo, o frutífero, o gerador. Isso seria acompanhado da satisfação e do gozo pela criação, pela capacidade de fazer crescer o que está vivo e é valioso. As coisas que o gato *Félix* fazia sair da sua maleta, cada um de nós pode fazê-las sair do seu coração e das suas mãos. Feliz é literalmente o generoso. Felicidade e generosidade são andamentos da mesma melodia.

O que é a generosidade? Sinteticamente: virtude de dar, força do dar. Mais do que a característica daquele que tendo muito dá uma parte, a generosidade consiste em fazer para dar; em gerar para dar; em viver dando. Generosidade e bondade identificam-se, porque a bondade dá sempre. A generosidade surge e, ao mesmo tempo, reverte num eu magnânimo, mas expressa-se fundamentalmente em relação aos demais. Nietzsche coincide nisto: a generosidade é desejo de alegria. E, sobretudo, há que prescindir de explicações que a reduzam. A generosidade é sem fundamento: ela mesma é o fundamento. Ama-se porque se ama; não há porquê (como a rosa de Silesius, que floresce porque floresce, sem porquê). É óbvio que há «motivos» e «razões», mas, no final, nenhuma explicação pode reduzir o amor a outra coisa.

«Tudo se perderá»: assim reza a sabedoria ligada à passagem do tempo. No entanto, o que é que possui mais «realidade»: as coisas materiais do mundo, que, por mais consistentes que pareçam, também serão inexoravelmente engolidas pela noite dos tempos, ou a vida sentida intensamente por cada um de nós? Tudo se perderá, mas quase de certeza que a espessura invisível de um ato de generosidade supera a do manto terrestre. Tudo se perderá, mas há mais «realidade» num encontro amistoso e franco do que no arranha-céus mais alto do mundo. Tudo se perderá, mas, de alguma forma, conta mais uma pessoa ajudar outra do que mil galáxias desaparecerem do firmamento.

Não há que antepor nem o excecional nem o puro. A pureza não é deste mundo. O amor mede-se pelos seus obstáculos e, além disso, requer um mínimo de posição — um mínimo! Os obstáculos são, ao mesmo tempo, uma condição de possibilidade. Requer um mínimo de posição-possessão, caso contrário, a partir de onde se poderia produzir a generosidade e a doação? O talento literário serve a Bertolt Brecht para mostrar que ser bom é custoso e que, por vezes, exige mesmo estranhas duplicações. Em *Der Gute Mensch von Sezuan* [*A Boa Alma de Setsuan*], Shen-Te, a mulher generosa, tem de inventar-se e desdobrar-se, como se fosse outra pessoa, para continuar a viver. Para permanecer, é preciso dispor de lugar e defender uma posição, porque a doação total não é passível de ser mantida durante muito tempo: «é que não estou segura de ser boa. Gostaria de sê-lo, verdadeiramente, mas depois como é que me vou arranjar para pagar a renda? [...] Como é que se pode ser boa quando tudo está tão caro?» Na mesma obra, Shen-Te diz a um aviador desesperado que se quer suicidar:

> «Por maior que seja a miséria, há sempre homens de bom coração [...]. As pessoas gostam de mostrar do que são capazes. E que melhor maneira de o demonstrar senão sendo bom? A maldade

não é mais do que uma espécie de inaptidão. Cantar uma canção, construir uma máquina, semear arroz: no fundo, isso é ser bom. E você também é bom.» ([42])

Um mínimo de possessão, um mínimo de posição: uma posição mínima que nos permita mantermo-nos de pé. Um refúgio que deixe criar e que deixe gerar. Nada mais. Da mesma forma que é preciso um lugar resguardado e com um teto para se ser hospitaleiro. Há que poder abrir uma porta, mesmo que seja imaterial. A criação e a generosidade estão do lado da simplicidade. Mas na periferia, é muito fácil escorregar e cair no afã de domínio, ou seguir mimeticamente o louco imaginado por Rousseau, que ousa ocupar o que não faz sentido nenhum ocupar. Há uma lógica dos factos — e da possibilidade — segundo a qual, para continuar e permanecer, o melhor é possuir e abarcar o máximo possível. Estes seriam os termos do ser-posição: ocupação do lugar, representação ou ocupação do presente, estratégia-cálculo, explicitação e explicação de tudo. E estes, pelo contrário, são os termos da generosidade: criação, difusão, posição mínima, des-ser, bondade, gratuidade, fraternidade.

A autoestima ou o mínimo de posição

Um mínimo de posição significa cuidarmos de nós mesmos e amarmo-nos convenientemente. Isso é menos comum e mais difícil do que parece, porque nos amamos demasiado ou porque nos amamos muito pouco. Para corrigir a primazia do egoísmo, temos a conhecida *regra de ouro*, presente na maioria das culturas e religiões, e que na versão bíblica e evangélica reza assim: «Amarás o teu próximo como a ti mesmo.» ([43]) Numa entrevista, Lévinas recorda que Buber e Rosenzweig, tradutores da Bíblia para o alemão, estavam muito preocupados com a transcrição deste versículo. Queriam evitar que a medida do amor pelos outros

---

([42]) Bertolt Brecht, *El Alma Buena de Se-Chuan* (tradução de Raquel Warschaver), Buenos Aires, Nueva Visión, 1964 («Prólogo» e «Atardecer en el Parque»).

([43]) *Levítico* 19, 18; Mateus 19, 19. As citações que faremos serão a partir da *Biblia de Jerusalén*, Bilbau, Desclée, 1975.

fosse a do amor por nós próprios, ou seja, não queriam, de forma alguma, que o amor próprio fosse a medida ideal do amor pelos outros. Foi por isso que, após uma longa reflexão, optaram por esta forma tão simples como genial: «Ama o teu próximo, ele é como tu.» A pessoa está no mundo rodeada de múltiplas coisas. O mandamento vem dizer-lhe que ali mesmo há algo que lhe é próximo, ou seja, um *ele* que é como *tu*, um *ele* que, amando-o, há de ser *tu*, porque é como tu. De qualquer forma, seja qual for a tradução escolhida, Lévinas acredita que a melhor maneira de entender a regra de ouro e o mandamento bíblico é esta: «Ama o teu próximo: tudo isto és tu mesmo; esta obra és tu mesmo; esse amor és tu mesmo.» ([44])

Chegados a este ponto, é oportuno recordar como Lutero lida com semelhante questão e como, com o seu habitual extremismo, a resolve. Ele considera que uma leitura próxima da literalidade do versículo poderia levar a este entendimento: «Ama ao próximo e também a ti mesmo.» Mas, obviamente, também isso não o satisfaz completamente e, por isso, interpreta-o da seguinte maneira: deve amar-se *unicamente* o próximo, mas da maneira que cada um se ama a si mesmo. E vai mesmo mais longe: «O amor faz com que o homem diga Não a si mesmo e Sim ao outro; faz com que se revista de amor o próximo e nos desprendamos de amor por nós próprios.» E fá-lo até aos limites: «que se odeie a si mesmo e não deseje que os demais lhe façam nenhum bem [...]» ([45]). Até aqui estou a citar Lutero. E é bom relembrar a sua tese, porque o que eu aqui gostaria de sustentar é bastante diferente. O mais difícil, mas ao mesmo tempo o melhor e o mais decisivo, consiste em amarmo-nos bem a nós mesmos. A verdadeira autoestima nada tem que ver com o egoísmo e conecta-se, por si mesma, ao amor pelos outros; distancia-se tanto do egoísmo como do detestar-se dissimuladamente a si mesma. Assim, é perfeitamente compreensível que Ricœur tenha achado profundamente inspiradoras e arrebatadoras as palavras finais de um romance de Georges Bernanos, intitulado *Diário de Um Pároco de Aldeia*([46]), quando o

---

([44]) Emmanuel Lévinas, *De dieu qui vient à l'idée*, Paris, Vrin, 1986, p. 145.

([45]) Martinho Lutero, *Comentarios a la Carta a los Romanos*, capítulo 13, WA 482–485 (tradução de Erich Sexauer), Terrassa, Clie, 1998, pp. 414–417.

([46]) *Diário de Um Pároco de Aldeia*, Georges Bernanos (tradução e prefácio de João Gaspar Simões), Lisboa, Ulisseia, 1955. [*N. do T.*]

protagonista confessa que odiar-se a si mesmo é mais fácil do que parece e que a graça das graças consiste em saber amarmo-nos humildemente.

Sim, odiarmo-nos a nós mesmos é mais fácil do que parece. Por isso, cuidarmos e amarmo-nos a nós mesmos, sem orgulho, é uma pedra angular. Quem não gostar minimamente de si mesmo não poderá amar os outros, da mesma forma que quem não cuidar de si mesmo não poderá cuidar dos outros.([47]) Sentir-se bem consigo próprio não é o obstáculo, mas a condição de possibilidade. Mas a degenerescência está sempre à espreita. É por isso que a vigilância deve ser constante. O egoísmo e o orgulho são a degeneração nefasta da autoestima. A chave está, pois, em *poder dizer* eu *simplesmente*, ou em *dizer* eu *pensando em mim o menos possível*.

Um mínimo de posição, a partir da qual gerar e abrir as mãos. Não é necessário acumular grande coisa. Precisamente porque a partir de uma posição mínima já se pode dar o que não se tem. Sim, dizemos bem: dar o que não se tem, porque, ao dar, cria-se. A generosidade não consiste em dar o que nos sobra, mas em dar o que somos. E darmo-nos não exige que tenhamos de antemão, mas sim que se crie precisamente no ato de dar. Por esse motivo, o amor é criador, porque a sua própria realidade é criação. Aquele que ama não precisa de ter para dar. O facto de amar é já doação. E, pela mesma razão, ao dar, nada se perde, nem nada diminui, mas, muito pelo contrário, ao dar ganha-se. Fixemo-nos, por

---

([47]) Isto liga-se à peculiar teoria de Descartes sobre a generosidade (ver *As Paixões da Alma*, § 153 e ss.). Descartes leva a ideia a um extremo inesperado e afirma que a generosidade consiste em amar em nós mesmos aquilo que há de maior, ou seja, a disposição da vontade. Ser generoso é ser livre, saber que a direção do querer depende de nós mesmos. Está em sintonia com o estoicismo e, em certo sentido, antecipa a posição nietzschiana. Segundo Descartes, a generosidade requer que percebamos que nada nos pertence verdadeiramente senão o livre-arbítrio e a intenção de fazer sempre bom uso dele. A generosidade, assim entendida, dá origem à humildade virtuosa, isto é, a considerar todos igualmente: o essencial — o livre-arbítrio — é comum a todos e implica não nos rebaixarmos perante os ricos ou os poderosos, nem nos ensoberbarmos em relação àqueles que poderíamos considerar inferiores. A generosidade distancia-nos tanto da submissão como da atitude tirânica. Contudo, embora reconheçamos a originalidade desta proposta cartesiana, talvez seja um pouco enviesado situar o cerne da *generosidade* no amor-próprio.

exemplo, naquilo que acontece quando alguém dedica tempo aos outros. Dar tempo é dar vida. É por isso que é a dádiva mais preciosa de todas, porque quem dá tempo dá-se a si mesmo. O contrário de dar é, evidentemente, não dar. Ora, quem não dá tempo não é porque o tenha em demasia e o guarde zelosamente; é porque não o tem. Neste sentido, a vida não tem medida, e, paradoxalmente, quanto mais vida se dá, mais vida se tem.

Voltamos, assim, a insistir no desacerto da frase — já citada no início — «Há o que há e isso é tudo». O amor e a generosidade fazem sair o que não há do que há. São movimentos difusivos, de dádiva, que revelam a vitalidade, o ser da vitalidade. Doação, mais do que do que é meu, de mim mesmo. A lógica da generosidade é estranha: nada se perde nem nada diminui substancialmente pelo facto de dar. Nos antípodas, a avareza coincide com a falta de vitalidade. Contra o dar, está a pretensão de guardar, ainda que, no final, isso se revele ilusório, porque a única coisa valiosa suscetível de ser guardada é a alegria de dar.

Estranha lógica, porque a generosidade não dispersa nem enfraquece o eu, pelo contrário, concentra-o. Ao contrário do que possa parecer — que dar leva à diminuição —, a generosidade concentra. O amor generoso produz forma e personalidade. A pessoa generosa tem mais forma do que a avarenta. À primeira vista, o avarento amontoa e acumula, mas, na verdade, esfuma-se, torna-se cada vez mais sombra; ao passo que o generoso, ao dar-se, define-se mais como pessoa e aumenta a sua vitalidade.

Estranha lógica, porque a bondade não está ao serviço das tendências naturais da força. Em relação a estas, o sentir que se expressa como bondade pressupõe um salto. Além da sobrevivência, acima ou abaixo, mas *distintos*, situam-se todos os movimentos da bondade, que acolhem ou que dão. Há algo que penetra e transcende o mundo para baixo: o abismo do mal. Mas, em troca, a vida — o sentir infinito — e a bondade transcendem-no para dentro.

Embora já tenha sido dito, reiteremo-lo: não vale a pena objetar que todo o ato generoso é interesseiro. Estas são as perguntas típicas: existe realmente desinteresse? Não se esconderá a avidez de possuir por trás de cada ato generoso? Não se espera sempre algum tipo de compensação? À suspeita de que o egocentrismo palpita por trás de tudo, devemos continuar a responder que a «pureza» não é deste mundo. Que não haja amor inteiramente desinteressado nada significa. Não há acontecimentos que realizem puramente uma ideia, porque somos finitos, e a finitude indica também heterogeneidade e paradoxo. Pretender o contrário é resvalar para uma espécie de quimera inumana (é pretender estar no paraíso em vez de saber que se está na periferia). Mas há ainda uma resposta complementar: o facto de uma certa satisfação poder ser associada à experiência de nos darmos não é uma objeção consistente. A generosidade pode ser prazerosa? Sim, e daí? Qual é o problema? Porque é que a fruição de dar há de subtrair sentido ao dar? E porque é que tal fruição há de implicar *necessariamente* que o dar não possa ser gratuito?

O dar tem um registo muito amplo. Dar tempo, dar meios, dar acolhimento..., mas também dar amabilidade: todos os gestos que, dirigidos aos outros, tornam mais agradável a vida. *Gestos da generosidade*. Dar não é apenas coisa de santos ou de heróis. Há pequenos gestos, afáveis e quotidianos, que já são doação. Tudo conta, em particular o que sentimos de perto e assiduamente. Há uma sabedoria do gesto, sendo que a «urbanidade», corretamente entendida, é substancial. Os «modos» — os gestos de bons modos — não correspondem apenas à «boa educação», mas a uma atitude existencial muito mais profunda. Ceder a passagem: «primeiro o senhor, por favor». Os gestos amáveis têm, logo à partida, a virtude de excluir os seus opostos: *o abraço* afasta o temor; *a mão aberta*, o ódio; *o movimento de ombros*, o fanatismo; *a massagem*, a dor; *as carícias*, o pranto; *o arquear das sobrancelhas* afasta o mau humor e abre à simpatia; *o sorriso* adoça o ar que se respira; *a humildade no olhar* deixa o outro falar.

Os gestos da generosidade conectam-se secretamente com os atos mais excecionais. São esses atos, e não as ideias abstratas, que brilham como faróis de esperança em momentos e épocas de escuridão. As ideias são insensíveis, inclusive a ideia do bem. É por isso que, no magistral romance de Vasili Grossman, *Vida y Destino*, se elogia a bondade e denuncia a ideia do bem: «cada vez que assistimos a esse despertar [de um bem eterno], morrem crianças e velhos» ([48]). Em nome do bem, ou da justiça, ou de Deus, foram causadas toneladas de sofrimento e milhões de vítimas. A bondade, por outro lado, produz sempre o bem e nunca o mal.

([48]) Vasili Grossman, *Vida y Destino* (tradução de Marta Rebón), Barcelona, Círculo de Lectores, 2007, p. 516.

A bondade não está nas declarações grandiloquentes, mas nos gestos e nas ações:

> «São as pessoas comuns que trazem nos seus corações o amor por tudo o que vive; amam e cuidam da vida de forma natural e espontânea. No final do dia, preferem o calor da lareira a atear fogueiras nas praças.» ([49])

Isso é o que salva o mundo: a bondade quotidiana das pessoas, a bondade nas ações que temos uns para com os outros. «Essa bondade, essa absurda bondade, é o que de mais humano há no homem, aquilo que o define, a mais alta realização que a sua alma pode alcançar.» ([50]) Por vezes, essa bondade parece pequena e impotente ante a monstruosidade e a extensão do mal. Não obstante, na sua impotência e na sua fraqueza, «nunca poderá ser vencida». Daí que a bondade, que é uma das vibrações da vida, seja a esperança do mundo.

Nos arredores de um mosteiro budista, nas montanhas dos Himalaias, há uma pedra com um enigma inscrito: «O que é preciso fazer para que uma gota de água não seque?» Por trás da mesma pedra encontra-se a resposta: «Deixá-la cair no mar.» Belíssima imagem. Mas corresponde à ideia de integração oceânica e de totalidade que não partilho.

Talvez pudéssemos adiantar uma resposta alternativa, própria da periferia — da intempérie, do deserto: O que é preciso fazer para que uma gota de água não seque? Colocá-la nos lábios de alguém que tenha sede.

([49]) *Ibid.*, p. 517.
([50]) *Ibid.*, p. 519.

VI

As duas árvores míticas do Éden estão aqui

«Verdadeiramente, a árvore está enraizada no céu.»

Simone Weil,
Escritos de Londres

«O investigador está virado para a Árvore do Conhecimento; o leitor, para a Árvore da Vida. Um quer saber, o outro recebe.»

Ernst Jünger,
La Tijera, § 142

Tese e método

Se existisse pecado ou falta, isso não se encontraria no início dos tempos, mas na génese de cada dia; não no princípio, mas na base. Assim sendo, mais do que de «pecado original», deveríamos falar de «pecado básico». E se quiséssemos continuar a referir-nos à queda, teria de ser uma queda muito excecional, em primeiro lugar porque seria reiterada e, em segundo lugar, porque não se cairia para baixo, mas para cima. Poder-se-ia chamá-la «arrogância», e não seria uma queda da plenitude, mas da humilde horizontalidade da periferia para uma perversa e elevada tribuna irreal.

Uma vez que o símbolo dá que pensar, podemos presentear-nos com o bilhete para viajar e aproximarmo-nos das duas árvores que, segundo a narrativa do Génesis, se encontravam no meio do Éden, e sobre uma das quais pesou a desconcertante proibição. A partir desse texto, que tomaremos em jeito de acampamento base, faremos as excursões que nos forem convenientes, com o objetivo de mostrar que, no fundo, a proibição não é, de todo, uma proibição, mas a expressão de um *problema* crítico relacionado com a periferia e com o conhecimento. Um problema acentuado no decurso da cultura ocidental e mimeticamente alargado a todo o mundo: o de como manter os olhos abertos e não deixar de saber-nos vindos à vida; de como pensar sem nos divinizarmos; de como cultivar a liberdade de pensamento sabendo obedecer ao que esse mesmo pensamento descobre. A depredação física e espiritual que entre todos protagonizamos a nível mundial é consequência direta de não termos alcançado essa medida; é manifestação, não da génese, mas da degeneração que consiste nessa queda para cima, desta vez coletivamente, «civilizacionalmente». Não é preciso ser pessimista para perceber que, a menos que o rumo mude, estamos a caminhar para o colapso.

O símbolo dá que pensar, sim. E as palavras graves são já símbolo. O que Elias Canetti afirma a respeito deste assunto pode ser seguido do princípio ao fim:

> «Ao invés de refletir-se sobre os mitos, poder-se-ia, naturalmente, refletir sobre as palavras, e, desde que se evitasse defini-las, seria possível extrair delas toda a sabedoria que os homens reuniram. Mas os mitos são *mais divertidos* porque estão cheios de metamorfoses.» ([51])

Com este guia de viagem, passemos, então, ao mito que contém algumas das palavras mais graves.

([51]) Elias Canetti, *La Provincia del Hombre* (tradução de Eustaquio Barjau), Madrid, Taurus, 1982, p. 208.

Uma figueira e uma videira

«Yahweh([52]) fez brotar do chão todo o tipo de árvores deleitosas à vista e com frutos bons para comer, e, no meio do jardim, a árvore da vida e a árvore da ciência do bem e do mal.» ([53]) Havia, portanto, duas árvores muito especiais no centro do Éden. Uma imagem tão simples como genial. No meio do paraíso, aquilo que é mais determinante para a criatura humana: a vida e o conhecimento.

O redator de algumas das partes do Génesis — o redator a que a crítica bíblica atual chama «javista» — ensaia de forma superlativa uma explicação da situação presente — a condição humana — a partir da referência a uma situação original já perdida, tendo as duas árvores como protagonistas.

Árvores, árvores singulares, num cenário idílico, não só no meio do jardim mas no meio do homem e de Deus, com uma proibição, uma desobediência e um desenlace. Ficou para a imaginação saber como eram essas árvores e de que tipo. Rapidamente se começou a representar o fruto proibido como uma maçã. Mas, se me fosse dado escolher, eu inclinar-me-ia para um cacho de uvas pendendo de uma enorme videira e, ao lado, uma figueira milenar e vigorosíssima como a árvore da vida. Os frutos da videira e da figueira amadurecem ao mesmo tempo, e é difícil imaginar uma combinação mais feliz do que figos e uvas. Além disso, a videira e a uva foram muitas vezes tomadas como símbolo de sabedoria, enquanto a prova «documental» de que ali por perto haveria uma figueira é o facto de, ao sentir vergonha, Adão cobrir o membro viril com as suas folhas.

([52]) «Eu Sou Quem Eu Sou», muitas vezes traduzido como «Senhor» e às vezes vocalizado como «Jeová» ou pela sua raiz consonantal «YHWH»). Mas *Yahweh* é muito mais do que isso, é o nome pessoal de Deus, tão intimamente identificado com o seu ser que muitos judeus ortodoxos se recusam a pronunciá-lo, dizendo, em vez disso, *HaShem* («o nome») ou *Adonai* («Senhor»), guardando assim a santidade desse nome. [*N. do T.*]

([53]) Génesis 2, 9.

Árvores

O poder simbólico da árvore salta à vista. A árvore é-nos oferecida em jeito de oferenda para nos ajudar a pensar e mostrar-nos algo sobre nós mesmos, humanos. De facto, não é fácil tratar uma árvore como um mero vegetal. Assim sendo, por exemplo, posso, sem qualquer tipo de escrúpulo, arrancar as «ervas daninhas» que crescem no jardim, mas, em contrapartida, vão passando os anos e ainda não arranjei coragem para cortar uma árvore que, tendo crescido num local inadequado, é um grande incómodo. Ao contrário das ervas, a árvore tem uma presença que se faz sentir e que nos acompanha.

O estar aqui da árvore, bem como as notáveis mudanças sazonais que exibem as árvores de folha caduca, é algo que, por um lado, nos é familiar e que, por outro, nos suscita a imaginação, tanto no seu trabalho estético como no existencial. A árvore e o ser humano partilham a verticalidade: temo-nos de pé. Para nós, no entanto, nada do que é importante é fácil, e conservar a verticalidade e a firmeza não é exceção. A força da tormenta, ou do fogo, ameaça a verticalidade da árvore. A violência, a doença, a exaustão e a velhice ameaçam a nossa. Quando estamos perto de árvores milenares, podemos sentir a surpreendente permanência da vida. Não importa quantas gerações de mortais passem, essas árvores perduram e a seiva continua a circular pelos seus vasos. No momento em que escrevo estas linhas, o recorde de longevidade é ainda ostentado por um pinheiro das Montanhas Brancas da Califórnia, que está quase com 5000 anos. É emocionante e fascinante perceber que, quando as pirâmides estavam a ser construídas no Egito, ele já lá estava.

A par da verticalidade, outra característica que as árvores e os humanos partilham é o facto de serem junção e enlace. Homem e árvore são como o «e» que relaciona e une. Graças à capacidade de juntar, *geramos*. Se o ser humano é ajuntamento, *logos* e poder de relação, a árvore é o ser que mais plasticamente une a terra e o céu: toda a sua força vital consiste em fincar fundo as suas raízes no solo para se expandir em direção ao céu. Une terra e céu, horizontalidade e verticalidade, circularidade (sazonal) e crescimento. E, nesta dupla tendência, dá frutos. O seu tenaz trabalho no subsolo e a sua lenta expansão aérea levam à geração, à produção temporal. Fruto do tempo, frutos do mundo, doçura da vida presente, consequência do enlace, sem confusão, que a árvore cumpre entre os dois grandes elementos. É provavelmente por isso, por unir terra e céu, que lhe foram atribuídas faculdades curativas; como se a vitalidade que por ela circula irradiasse beneficamente ao seu redor. Sem vitalidade também nós seríamos capazes de ajudar os outros. E a vitalidade surge do trabalho relacional. Ajuntamento, vitalidade, fruto. O encapsulamento ameaça sempre a esterilidade.

A comparação entre o homem e a árvore encontra-se numa multiplicidade de textos, desde os das tradições mais antigas até aos dos poetas e escritores contemporâneos. Nietzsche plasma-a no poema «Uma Árvore», onde destaca precisamente esses dois motivos: relação e crescimento, sobre os quais volta a insistir no capítulo de *Assim Falou Zaratustra*([54]) intitulado «Da Árvore do Monte»: «[...] com as pessoas acontece o mesmo que com a árvore.»([55]) Mais à frente, Zaratustra fala dos seus filhos como «árvores de vida». E, já perto do final do livro, é um dos homens superiores — o rei da direita — que compara Zaratustra a um pinheiro «longo, silencioso, duro, sozinho, da melhor e da mais dúctil madeira, magnífico»([56]).

Por razões semelhantes às que a equiparam ao homem, desenvolveu-se também a analogia da árvore com o divino e com a dinâmica da teofania — da manifestação do divino. Eminentes estudiosos como Mircea Eliade e Gilbert Durand sublinham que os lugares sagrados mais arcaicos, os centros totémicos australianos, os templos semitas e gregos primitivos, o Moenjodaro hindu ou pré-hindu, são constituídos por uma árvore ou um poste associado a um bétilo.([57]) De uma forma ou de outra, o seu potencial simbólico coloca-a na dimensão do sagrado: árvore como imagem do cosmos, árvore como teofania cósmica, árvore como símbolo da vida, árvore como centro ou suporte do mundo, árvore como regeneração da natureza.([58])

([54]) Friedrich Nietzsche, *Así Habló Zaratustra* (tradução de Andrés Sánchez Pascual), Madrid, Alianza, 1972, p. 72.

([55]) *Ibid.*, p. 68.

([56]) *Ibid.*, p. 358.

([57]) Gilbert Durand, *Las Estructuras Antropológicas del Imaginario* (tradução de Víctor Goldstein), México, FCE, 2004, pp. 348 e ss.

([58]) Mircea Eliade, *Tratado de Historia de las Religiones* (tradução de A. Medinaveitia), Madrid, Cristiandad, 1981, pp. 277 e ss.

A título de exemplo, e pelas suas semelhanças com o Génesis, podemos citar dois destes destacados simbolismos antigos. Na obra mais importante das escrituras hindus, o *Bhagavad Gita*, a árvore cósmica representa o Universo, bem como, ao mesmo tempo, a situação do homem no mundo. É a árvore eterna dos Vedas, que se apresenta invertida: as raízes crescem para cima, enquanto os ramos o fazem para baixo, e as suas folhas são os Vedas. E nessa imagem aparece a constelação de elementos: árvore cósmica invertida, teofania, vida, conhecimento, felicidade e sofrimento, bem e mal:

> «Krishna, o senhor, disse: "Fala-se de uma árvore eterna que tem as suas raízes para cima, enquanto os seus ramos estão para baixo e as suas folhas são os Vedas. Aquele que tem consciência disso conhece os Vedas."
>
> Isso está de acordo com os Upanichades: "Tem as suas raízes para cima e os seus ramos para baixo." Encontramo-lo também no Purana: "Brota da raiz como o imanifestado, cresce pela potência do próprio Uno. E tem uma grande inteligência como tronco, enquanto as cavidades são as aberturas dos seus órgãos. Os grandes elementos são os seus ramos, e tem os objetos percetíveis como as suas folhas. O bem e o mal são as suas belas flores, e a felicidade e o sofrimento os frutos que sustém. Essa árvore eterna gerida por Brama é o âmbito existencial de todas as criaturas. É, na verdade, o assento de Brama. Nele habita para sempre."» ([59])

Yggdrasil é o nome de outra árvore cósmica, neste caso, da mitologia nórdica. Um imenso freixo perene cujos ramos e raízes mantêm unidos os diferentes reinos. Junto à árvore há uma fonte, relacionada com o conhecimento. E outra com a qual as Nornas regam a gigantesca árvore para lhe darem juventude e vigor. Perto das raízes, ronda uma víbora com a intenção maléfica de derrubar a árvore. Num dos ramos permanece vigilante uma águia, que ataca diariamente a serpente. Ocorre um terrível cataclismo, que abala todo o universo e dá início a uma nova era

---

([59]) *Bhagavad Gita con los Comentarios Advaita de Sankara,* I, Capítulo XV, Consuelo Martín (ed.), Madrid, Trotta, 1997, pp. 257–258.

paradisíaca. Durante este episódio, Yggdrasil é violentamente sacudida, mas não cai. ([60])

Porque é que imagens e elementos tão semelhantes aparecem em tradições tão diferentes? O valioso — a vida, o conhecimento — pulsa por todo o lado com a mesma força. O elixir, o fruto ou a árvore da vida podem não coincidir com aquilo que o conhecimento nos dá, mas de certeza que estão relacionados. Talvez as duas árvores do Génesis provenham de lendas diferentes, uma que falava da árvore da vida e outra que falava da árvore do conhecimento. Mas alguém as juntou, e eis aqui as duas árvores juntas, multiplicando ainda mais o seu poder simbólico. As duas árvores enigmáticas, a da vida, cujos frutos parece que dariam a imortalidade, e a árvore do conhecimento do bem e do mal.

Do que poderia ter acontecido

Os textos do Génesis são elaborados com uma já avançada tradição semítica e têm como principal finalidade unir a história da salvação do povo de Israel a uma espécie de teologia da criação. Nessa teologia, há partes mais elaboradas e precisas, como o sacerdotal primeiro capítulo, onde se relata como Deus criou o mundo em sete dias, e partes com situações mais concretas e «existenciais», como o segundo e o terceiro capítulos, que são os que agora nos interessam. Com a composição e a modificação de tradições anteriores, que se desconhecem, o redator quer expressar o que é mais importante, isto é, o primeiro distanciamento do homem em relação a Deus. A referência ao Éden encaixa-se nesse propósito: a uma situação inicial vinculatória segue-se uma situação de separação e, portanto, de mal. A lição transmitida é clara: mulheres e homens devem dispor-se a esperar ativamente a salvação, ou seja, a retificação do distanciamento. Em suma, pelo menos nesses capítulos, a metafísica da criação é relegada para segundo plano, e a tónica recai na perda da plenitude inicial. A terra foi descrita como destinada ao homem, que dispõe de uma vida diferente da do resto das criaturas. O jardim simboliza as bênçãos divinas e situa-se no Éden (palavra tirada do acádio,

---

([60]) Mircea Eliade, *Tratado de Historia de las Religiones*, *op. cit.*, pp. 285-286.

que significa «estepe», mas que é semelhante à palavra hebraica *eden*, que significa «prazer»). Javé deixa esse jardim ao homem, para que o habite e cuide dele.

E eis aqui os momentos-chave:

Proibição:

> «De todas as árvores do jardim podes comer, mas da árvore da ciência do bem e do mal não comerás, porque no dia em que dela comeres, morrerás sem remédio.» ([61])

Tentação da serpente, que diz à mulher:

> «"O que é que Deus vos disse: Não comais de nenhuma das árvores do jardim?" A mulher respondeu à serpente: "Podemos comer os frutos das árvores do jardim. Mas do fruto da árvore que está no meio do jardim, Deus disse: "Não comais dele nem lhe toqueis, sob pena de morte". Replicou a serpente à mulher: "De forma alguma morrereis. É que Deus sabe muito bem que, no dia em que dele comerdes, se abrirão os vossos olhos e sereis como deuses, conhecedores do bem e do mal."» ([62])

Cólera de Deus e expulsão de Adão e Eva do paraíso depois de terem infringido a ordem:

> «Eis que o homem se tornou um de nós, no que se refere a conhecer o bem e o mal! Cuidado agora, pois não estenda ele a sua mão e apanhe também o fruto da árvore da vida, e comendo dele viva para sempre.» ([63])

Deus colocou então dois guardas celestiais no caminho do Éden para impedir que o homem comesse da árvore da vida.

Poderíamos começar por uma especulação aparentemente secundária: porque é que de repente Deus proíbe que se coma o fruto de uma árvore, a do conhecimento, mas em relação à outra nada diz? Saberá Adão que há ali uma árvore que é a árvore da

---

([61]) Génesis 2, 16–17.
([62]) Génesis 3, 1–5.
([63]) Génesis 3, 22.

vida? Talvez não. De facto, Eva não a menciona e refere-se à árvore proibida como a que está no meio; não diz «uma das duas que estão no meio». Santo Agostinho e Tomás de Aquino pressupõem que Adão e Eva sabiam da árvore da vida e que comiam dos seus frutos para não envelhecerem. De momento, inclino-me para pensar que não sabiam.

Mas a questão que se impõe é outra.

Porquê essa insólita proibição divina de não comer da árvore do conhecimento do bem e do mal? Que sentido pode isso ter?

Se se dá pouca importância ao que se proíbe

Uma das formas de abordar a questão é dar ênfase ao ato de proibir e deixar para segundo plano aquilo que é proibido. É o que fará, por exemplo, São Boaventura (século XIII), em conformidade com a alta estima que a virtude da obediência tem entre os franciscanos. São Boaventura explica que foi dado a Adão um preceito de disciplina para que, dessa forma, ele pudesse ser obediente e percebesse a valor de tal conduta. Ora bem, «há obediência pura quando o preceito obriga por si mesmo, não por outra causa» ([64]). Com efeito, para experienciar o que é que significa a obediência, é necessário um preceito, e, se possível, um preceito não fundamentado no conteúdo daquilo que é proibido. Ou seja, um preceito um pouco arbitrário. É claro que, no contexto atual, tudo isto soa muito estranho. Quem é que valoriza a obediência? Embora a pergunta devesse ser: o que leva a que não possamos apreciar a obediência? E também: porque é que a associamos automaticamente ao poder e não, pelo contrário, à mestria ou à amizade? Mas deixemos, por agora, estas interrogações e voltemos ao ponto que está em discussão. Dar importância à proibição e não ao que é proibido é desmistificar o conteúdo e fazer prevalecer o facto de obedecer. A obediência por parte do homem significaria não perder o vínculo, a aliança, manter sempre a memória de Deus, ter Deus presente na vida do Éden. Obedecer a Deus seria continuar ao seu lado e viver feliz

---

([64]) São Boaventura, «Brevilóquio», em *Obras*, volume 1, parte II, capítulo XI (tradução de León Amorós, Bernardo Aperribay e Miguel Oromí), Madrid, BAC, 1945, p. 283.

nessa vizinhança. Uma parte disto ainda ressoa na linguagem coloquial: dizer a uma criança «tens de confiar nos teus pais» equivale a dizer «tens de os ouvir», «tens de lhes obedecer», «tens de te lembrar deles». Seguindo nesse raciocínio, depressa nos apercebemos de que a chave está em ser capaz de *ouvir*. Quem é capaz de ouvir, escuta e obedece.

Portanto, para sublinhar a obediência, o melhor é proibir algo aparentemente inócuo. Daí que o proibido não seja o homicídio, mas comer o fruto de uma árvore. É evidente que, na proibição do homicídio, o fundamento da obediência emana do que se proíbe, deixando numa posição secundária aquele que dita a proibição. Adão e Eva não se apercebem de que, na sua situação, a obediência traz o benefício de conservar a amizade e a confiança de Deus, e que desobedecer, por outro lado, significa «estar-se nas tintas» para Deus. Não é a liberdade que está em questão. Guiam-se pela própria cabeça e deixam de lado a relação mais importante. Era fácil reconhecer a autoridade de Deus, e quando alguém com verdadeira autoridade pede para obedecermos a alguma coisa, não custa muito fazê-lo. A ordem é aceite de bom grado e tomada como uma recomendação. Deus, dador de tudo, fez-lhes apenas uma ligeira prescrição. Daí decorre, portanto, que uma leitura possível seja a de atribuir pouca ou nenhuma importância ao que se proíbe. Assim sendo, fazendo finca-pé na tónica da obediência, o relato tornar-se-ia mais compreensível.

Mas como não levar em conta o enigmático nome da árvore sobre a qual pesa a proibição? Vale a pena relembrar o exercício de acuidade intelectual realizado por Santo Agostinho aquando do tratamento deste tema. Sabemos que uma das suas preocupações mais patentes era, em particular, a de evitar o maniqueísmo, e, em geral, qualquer tipo de dualismo. Tinha, por conseguinte, de fazer uma leitura do Génesis que frisasse o facto de Deus ser o único e exclusivo autor da criação, sendo que, por isso, toda a criação era boa. Neste ponto, Santo Agostinho partilha a mesma intenção do redator javista. Também este, ao primeiro início (a criação), quis acrescentar um segundo início (o evento do Éden), de modo a deixar claro que é apenas como consequência da ação humana que o mal entra no mundo. Imputando ao homem, e só a ele, a responsabilidade pelo mal, evitam-se abordagens dualistas que atribuem o mal a um princípio tão originário como o do bem.

É com esse propósito que Santo Agostinho lê o texto do Génesis. E é simpático da parte dele reconhecer que deu muitas voltas ao tema da árvore. Não foi o único. A sua perspetiva é a seguinte: não havia nada de mau na criação; tudo nela era bom, incluindo a árvore do conhecimento do bem e do mal. Nenhum veneno estaria escondido nos seus frutos. Se comê-los pudesse ser prejudicial, teria de ser por alguma razão extrínseca à própria árvore. Num contexto de abundância e de felicidade, Deus proíbe algo ao homem para conseguir aquilo a que já nos referimos: poder manter a relação mediante a obediência.

Pois bem, atentemos à ideia de Santo Agostinho. Segundo ele, o nome dado à árvore é menos importante do que parece. Foi chamada árvore «do conhecimento — ou da ciência — do bem e do mal» porque, depois da proibição, se o homem comesse dela, aprenderia, na posterior experiência do castigo, a diferença que havia entre o bem da obediência e o mal da desobediência.([65]) O homem conheceria, no castigo, o que significava uma vida obediente junto de Deus e uma vida desobediente longe de Deus. Por outras palavras: somente através da experiência do mal se conhece o mal. Se o homem não tivesse desobedecido, não conheceria o mal. Também a linguagem popular sugere algo parecido, quando o pai ou a mãe se dirigem à criança num tom ameaçador e lhe dizem: «já vais ver o que é bom» — querendo antes dizer «o que é mau».

Se se dá um pouco mais de importância ao que se proíbe

A necessidade de recorrer a estas leituras tão rebuscadas e engenhosas mais não faz do que corroborar o carácter enigmático e incómodo da situação. Embora — como temos estado a fazer — possa ser oportuno considerar o facto da proibição, não parece muito justificável minimizar em demasia a importância do conteúdo proibido. Sem dúvida que convém prestar-lhe atenção. «Conhecimento do bem e do mal» poderia aludir ao conhecimento moral, isto é, a termos realmente consciência da própria conduta, ou poderia referir-se à capacidade de percebermos as coisas e a nossa condição. Em ambos os casos, prevaleceria o

([65]) Santo Agostinho, *Obras*, Volume XV, Livro VIII, 6, *op. cit.*, p. 963.

aspeto experiencial. Isso significa, por exemplo, que o conhecimento moral deve ser entendido sobretudo como o facto de experimentarmos a própria responsabilidade ou a própria falta. A esta última é aquilo a que chamamos «ter a consciência pesada».

Alguns hermeneutas do texto bíblico assinalaram que a expressão «conhecimento do bem e do mal» poderia ser um merisma, isto é, uma figura de retórica na qual um par de opostos é utilizado conjuntamente para sugerir a ideia de totalidade; tipo «conhecimento do céu e da terra» ou «conhecimento do aqui e do além». Se assim fosse, então «a árvore do conhecimento do bem e do mal» significaria a árvore do conhecimento tanto do bem como do mal, ou seja, de tudo.

No entanto, se persistirmos em não querer eludir a natureza especial da árvore, o que mais poderia ser feito para interpretar a estranha proibição? Um dos primeiros comentadores do texto foi Teófilo de Antioquia (século II), que propôs uma ideia bastante ágil para conjugar a seriedade da ordem com o peso do que era proibido. Ao contrário do que Santo Agostinho e muitos outros farão mais tarde, Teófilo opta por minimizar o alcance da proibição, atribuindo-lhe um carácter provisório. Explica-o nos seguintes termos:

> «Ora, a árvore da ciência era boa em si mesma, e bom era o seu fruto. Não era na árvore, como alguns pensam, que estava a morte, mas sim na desobediência. Porque no seu fruto não havia outra coisa senão a ciência, e a ciência é boa se se faz dela o devido uso. Mas, devido à sua tenra idade, Adão era ainda uma criança e, por isso, não podia receber a ciência da devida forma. [...] Além disso, Deus queria pô-lo à prova para ver se ele era obediente ao seu mandamento, e queria também que ele permanecesse simples e inocente, na sua condição de criança, por mais tempo.» ([66])

Em resumo, a solução proposta por Teófilo é a seguinte: Adão e Eva eram ainda infantis, e assim convinha que permanecessem por mais algum tempo. Mais tarde, o conhecimento levá-los-ia à idade adulta. Não é essa a essência da mensagem iluminista? Cada coisa no seu tempo. A única coisa que aconteceu foi a

---

([66]) Teófilo de Antioquia, *A Autólico*, II, 25, em *José Vives, Los Padres de la Iglesia*, Barcelona, Herder, 1982, p. 96.

antecipação daquilo que inevitavelmente acabaria por acontecer. O conhecimento e a consciência acabariam por acontecer, mas não naquele momento. Desse ponto de vista, a falta, em relação ao conteúdo, é ligeira, e continua a ser mais relevante a falta enquanto desobediência.

De Teófilo podemos extrair este ensinamento: o conhecimento é-nos essencial, mas no seu devido momento. Não devemos tornar as crianças críticas, nem antecipar as questões e a dialética antes do tempo certo. O conhecimento da situação chegará, os olhos abrir-se-ão e o homem aperceber-se-á da sua nudez, isto é, da sua intempérie. Com esta abordagem, o paraíso reduzir-se-ia à inocência infantil. O paraíso seria algo como uma creche e uma escola primária ideais: lugares doces e protegidos. Aí, os olhos que leem a nossa situação ainda não se abriram por completo. Embora seja muito importante respeitarmos seriamente as diferentes idades pelas quais uma pessoa passa, já nem isso fazemos, nem sabemos já sequer como o fazer.

Se se dá muita importância ao que se proíbe

Por último, admitir que a questão da desobediência é determinante não nos impede de admitir que a do conhecimento também o é. Questão, esta segunda, relativa ao facto de que o humano vê — dá-se conta de, apercebe-se, sente — a sua situação.

Haveria efetivamente duas árvores no centro e «centrais»: a da vida e a do conhecimento do bem e do mal. Esta última também poderia ser chamada mais sucintamente «árvore do conhecimento» ou «árvore da sabedoria» — como é feito, por exemplo, em *O Livro de Enoque* —, mas entendendo, em ambos os casos, o conhecimento como relativo à nossa condição e à nossa experiência moral.

Assim sendo, o mínimo que se poderia dizer da proibição é que ela é paradoxal: como é que pode proibir-se o que somos? Como é que se pode pedir a um homem e a uma mulher que não comam da árvore do conhecimento? É a mesma coisa que lhes pedir que não sejam humanos. Se o objetivo era introduzir a virtude da obediência, é óbvio que a escolha teria de recair sobre qualquer outra árvore insignificante. Dizer ao homem «não abras os olhos» ou «não sejas o que és» é uma ordem fadada ao fracasso: a desobediência, mais do que desobediência, seria uma necessidade.

Agora, uma coisa é certa: há um problema inerente a ter os olhos abertos. Ser capaz de conhecer é uma virtude e, ao mesmo tempo, um destino difícil de assumir. Radica aqui um dos poderosos acontecimentos da vida. Na vida acontecem coisas. A experiência do conhecimento é uma das mais importantes, e há algo de trágico nela. Nessa questão, o Génesis e o *Rei Édipo* coincidem. Édipo acaba por ver de mais, e por isso arranca os próprios olhos.

O conhecimento é uma experiência que nos muda, que nos transforma. Isso também se encontra na narrativa bíblica. Nada será como dantes: «Então abriram-se-lhes a ambos os olhos, e perceberam que estavam nus.» ([67]) Nudez e intempérie, em termos existenciais; vergonha e culpa, em termos morais.

Uma leitura curiosa e imprevisível, que vai no sentido de dar importância ao conteúdo da proibição e de minimizar quase por completo o peso desta, é a realizada por Kant num escrito intitulado: «Comienzo presunto de la historia humana [Começo conjetural da história humana].» ([68]) O que poderia um iluminista como Kant dizer a respeito do papel do conhecimento e da razão? O filósofo de Königsberg imagina um casal humano, num jardim, com capacidade de falar e de pensar. Ali, a *voz de Deus* seria justamente o *instinto* a que todos os animais obedecem. Graças ao instinto, algumas coisas parecem convenientes e outras não. A proibição nada mais seria senão a advertência que o instinto nos faz ante algo. Pois bem, «enquanto o homem obedeceu a essa voz da natureza, sentiu-se à vontade com tudo aquilo. A razão, porém, logo começou a mover-se» ([69]). A razão e a sua aliada, a imaginação, são, segundo o relato kantiano, as faculdades que entram em cena e levam o homem a abandonar o seu primeiro bem-estar. A razão pode ir contra o instinto e consegue expandir os limites do modo humano de viver. Isso acarretará o seu preço, mas já não há como voltar atrás. A ação da razão e da imaginação sobre o instinto logra ampliar o número de objetos que podem

---

([67]) Génesis 3, 7.

([68]) Immanuel Kant, *En Defensa de la Ilustración* (tradução de Javier Alcoriza e Antonio Lastra), Barcelona, Alba, 1999.

([69]) *Ibid.*, p. 148.

satisfazer uma tendência, e seria isso que se teria passado com o fruto da árvore proibida. Outro exemplo é o que se passa com o instinto sexual: com a imaginação, o homem prolonga e intensifica mesmo esse instinto que em muitos animais costuma ser passageiro e periódico. Como? Bem, *subtraindo o objeto aos sentidos.* É assim que Kant interpreta o gesto de Adão de se cobrir com a folha da figueira. O erotismo — poderíamos continuar — é justamente o resultado do trabalho racional-imaginativo sobre o instinto. Deste modo, fica claro que a leitura de Kant exige uma grande matização do tema da queda. Na realidade, mais do que de uma queda, tratar-se-ia de um ganho decisivo, o ganho da humanidade: «transição da rudeza de uma mera criatura animal para a humanidade, da caravana do instinto para a guia da razão; numa palavra: da tutela da natureza ao estado de liberdade» ([70]).

Para concluir

No breve texto do Génesis sobre o Éden somam-se *dois* problemas, pelo que se podem tirar duas conclusões. Primeira: *saber escutar é uma virtude.* Há que saber escutar quando é preciso e quem precisa. O oposto de saber ouvir e obedecer não é desobedecer, mas perder-se. Segunda: *o conhecimento é a descoberta da nossa situação de periferia e de intempérie, e uma metanoia pessoal que pode levar a sermos mais nós mesmos. Mas tal não está isento de perigo e, mal digerido, é causa de ruína.* Ambas as conclusões podiam ser acompanhadas por dois ou três corolários.

Primeiro corolário: *mais conhecimento e menos orgulho.* O ser humano tem algo de divino e, embora desconcertante, essa semelhança dá-se especialmente *depois* de comer da árvore proibida. A esse facto se deveria a exclamação de Javé: «Eis que o homem se tornou um de nós, no que se refere a conhecer o bem e o mal!» Antes, permanecia na inocência: uma espécie de vida simples, embora infantil. Mas agora parece-se mais com Deus, e é assim que se sente. Antes, parecia-se com Deus, mas não sabia disso. Agora, porque o sabe, parece-se mais com ele. Nesse sentido, Ricœur assinala subtilmente que «o pecado representa uma certa promoção da própria consciência reflexa; começa assim uma

---

([70]) *Ibid.*, p. 153.

aventura irreversível, uma crise do devir-homem, que só poderá ser resolvida no processo final de justificação»([71]).

O que é que a nós diz respeito? Uma vez abertos os olhos, é impossível retroceder. A infância é um paraíso deixado irreversivelmente para trás, e o paraíso edénico é impossível. Mas o que a nós cabe fazer, e que deve ser feito, é intensificar o caminho empreendido. Sermos ainda mais conscientes, abrirmos ainda mais os olhos, de molde a valorizarmos a nossa periferia, as suas fendas e a nossa responsabilidade. Intensificarmos a vigília: a *metanoia* pessoal depende disso. Mas é bom que seja uma intensificação que não se faça acompanhar de orgulho, mas de humildade. A intensificação humilde da consciência aproxima-nos de um lugar novo que tem algo em comum com a inocência infantil e, em contrapartida, afasta-nos da presunção do conhecimento que, por se acreditar mais do que é, fica pela metade. Na realidade, o problema não procede do acontecimento de conhecer, mas do que pode vir depois. A revelação da nossa situação era inevitável. Que essa claridade se encastele no orgulho e determine boa parte da tendência da humanidade é aquilo que não poderia acontecer, mas que, infelizmente, acontece. O triste paradoxo é que, ao mesmo tempo que patenteamos uma civilização de poder, menosprezamos a vida; não reconhecemos a sua profundidade e encaramo-nos como coisas entre coisas, despersonalizados, dessubjetivados, mas, isso sim, pretensiosos e arrogantes.

Não há nada de errado em conhecer, mas, muito facilmente, algo de perverso amalgama-se a isso. A soberba é a modalidade intelectual do orgulho; o orgulho da inteligência. O orgulho e a soberba provocam um eu — e um nós — tão autocentrado como monstruoso. A força universal da figura de Fausto surge justamente dessa relação entre conhecimento e soberba. Aparece pela primeira vez numa obra anónima na Alemanha, no final do século XVI, e, desde então, inspirou inúmeras versões. Alguns dos principais traços deste personagem são aqueles que já destacámos no Génesis e os quais poderíamos também encontrar em *Rei Édipo.* O perfil de Fausto é ambíguo. Nem tudo nele é reprovável. Mostra uma sincera vocação para conhecer os segredos do mundo e as leis que regem as coisas; interessa-se por ciência, por magia, por

---

([71]) Paul Ricœur, *Finitud y Culpabilidad* (tradução de Cecilio Sánchez), Madrid, Taurus, 1982, p. 403, nota.

astrologia. E é esse mesmo interesse que o leva a fazer um pacto com Mefistófeles. Fausto pactua com o servidor príncipe do inferno depois de perceber que, valendo-se unicamente das suas próprias capacidades, não alcançará o que deseja. É evidente que há em Fausto uma *hybris*, uma desmesura, que, ao levá-lo a empenhar-se em superar a sua condição, faz com que ele vá além daquilo que é cordato. O orgulho cega-o e não permite que ele se apazigue com os seus próprios limites: o desespero chegará, implacavelmente.

O busílis está em saber trilhar o caminho do conhecimento sem orgulho; em procurarmos e permanecermos nesse caminho sem nos convertermos em Fausto; em comer da árvore do conhecimento e, ainda assim, não nos endeusarmos. Eis aqui a graça e a dificuldade, porque a tentação é muito grande e as suas formas são muito variadas. Embora agora nos pareça um pouco anacrónico, é significativo que no ambiente da Reforma tenham sido feitas acusações muito graves à vida monástica, aduzindo precisamente que, em muitos casos, ela limitava-se a ocultar o orgulho dos monges que se julgavam superiores.

O orgulho traz consigo a violência. Tanto o redator javista como, mais tarde, os teólogos cristãos insistem no facto de a criação ser boa. Isso implica que o mal, em geral, e a violência, em particular, são consequência de um segundo início. Comer o fruto proibido representa esse segundo início. E o alarmante é o que resultará disso. O homicídio cometido por Caim sobre Abel é o símbolo de uma série interminável de atos violentos que, desafortunadamente, chegam até nós. A desobediência é apenas o ponto de partida de um caminho de distanciamento semeado de maldade. À rebelião do homem contra Deus segue-se a rebelião contra o seu próximo. Tal como em Rousseau, no cenário inicial do Éden não há nenhum vestígio de violência, nem mesmo entre os animais, que viviam uns ao lado dos outros. Em contrapartida, depois da primeira desobediência, o mal propaga-se. E, consequentemente, noutro fragmento, lê-se o seguinte:

> «Vendo Javé que a maldade do homem se espalhava pela terra, e que todos os pensamentos que o seu coração concebia eram sempre puro mal, Javé arrependeu-se de ter feito o homem e de o ter posto sobre a terra, e o seu coração indignou-se.» ([72])

([72]) Génesis 6, 5–6.

A vida humana não é um erro, é um bem. Mas a intempérie é dura e a tendência para fazer o mal estará sempre presente. É possível que a violência surja — pelo menos em parte — do orgulho e da dificuldade em assumir a própria condição? É possível que, em parte, ela funcione como uma evasão?

Segundo corolário: *conhecimento e vida.* E quanto à árvore da vida? Que relação existe entre o conhecimento e a vida, isto é, entre as duas árvores? O texto duplica o carácter enigmático ao dizer que assim que o homem comeu da árvore do conhecimento poderia querer ser como Deus e ir comer da árvore da vida, conseguindo assim para si a imortalidade.

Quando se lhe abrem os olhos, a finitude passa a constituir uma experiência fundamental. A partir desse momento, a sombra da morte não mais deixará de pairar sobre a jornada da vida. Experienciamos a angústia e a ansiedade relacionadas com a morte. O comentário de Espinosa à passagem do Génesis que diz respeito à proibição de comer da árvore do conhecimento é de uma perspicácia inaudita: «No exato instante em que dela comesse, passaria, imediatamente, a temer a morte mais do que amava viver.» ([73])

Se o medo da morte supera o desejo de viver, então a inquietação com a imortalidade pode tornar-se a preocupação mais pungente. E isso não é nada bom. Primeiro, porque a excessiva preocupação com a morte impede de viver e, segundo, porque, ainda que pareça que sim, a imortalidade não é o remédio para a mortalidade. Desde a noite dos tempos e ante a inquietação provocada pela consciência da morte, tornou-se prática ansiar por algum tipo de continuidade da vida. Não é de estranhar, pois, que a árvore da vida tenha uma primeira leitura que concorre neste sentido: os seus frutos impediriam o envelhecimento ou proporcionariam mesmo a imortalidade. Até a astuta serpente podia andar atrás disso. A epopeia de Gilgamesh, da mitologia suméria, conta como o personagem com esse nome, muito magoado com a morte do amigo, deseja a imortalidade, para não ter de passar pelo mesmo transe. Com esse objetivo, empreende uma viagem difícil e tortuosa à procura de um sábio que vivia numa espécie de vergel. Ao encontrá-lo, o sábio submete-o a uma série de provas, que Gilgamesh não consegue superar. Porém, instado

([73]) Espinosa, *Ética*, III, proposição LXVIII, Escolio, *op. cit.*, p. 332.

pela sua própria mulher, o sábio acaba por revelar a Gilgamesh a existência de umas ervas no fundo do oceano que prolongam indefinidamente a juventude. Gilgamesh acaba por descobri-las, mas, no caminho de regresso a casa, uma serpente aproxima-se astutamente dele e, após roubá-las, come-as, tornando-se imortal. E se a serpente do Génesis aspirasse ao mesmo e, por isso, tivesse urdido o logro? Talvez ninguém soubesse qual era a árvore da vida e o plano da serpente passasse por descobrir isso. Conseguiu que Adão e Eva provassem o fruto da árvore do conhecimento e assim pudessem reconhecer e apontar qual era a árvore da vida; árvore cujos frutos os humanos não podiam comer, mas ela, a serpente, podia. A que ponto podem ampliar-se os contos fundacionais!

Também nisso Nietzsche é mestre. Basta ler o que ele diz da serpente:

> «Foi Deus mesmo quem, no final da sua jornada de trabalho, se deitou sob a árvore do conhecimento sob a forma de uma serpente: assim descansava de ser Deus [...]. Tinha feito tudo demasiado belo [...]. O diabo é simplesmente a ociosidade de Deus a cada sete dias.» ([74])

E se o mais importante não fosse a imortalidade? Então, a árvore da vida teria de ser vista de outra forma. Na Idade Média circularam várias lendas segundo as quais a cruz de Jesus Cristo teria sido feita a partir do tronco da árvore da vida. ([75]) Com a figura de Jesus Cristo — literalmente, com a revelação cristã —, a árvore da vida deixa de ser principalmente a árvore da imortalidade para se converter, com mais propriedade, na árvore da vida. Com o acontecimento de Jesus Cristo, o amor substituiu a imortalidade. ([76]) A árvore da vida é a árvore do amor. Este é o núcleo da revelação cristã. Não é que o amor leve à vida, mas sim que a vida é, sobretudo, amor. É isso que se enuncia, de forma concisa e clara, na primeira carta de João: «Sabemos que passámos da morte para a vida, porque amamos os nossos irmãos. Quem não

---

([74]) Friedrich Nietzsche, *Ecce Homo* (tradução de Andrés Sánchez Pascual), Madrid, Alianza, 1971, p. 108.

([75]) Ver, por exemplo, *Viaje de Set al Paraíso.*

([76]) A filosofia de Gianni Vattimo desenvolve-se a partir desta convicção, bem como da relação essencial entre *kenosis* e hermenêutica.

ama, permanece na morte.» ([77]) O amor ao próximo é a própria vida. Ou seja, o amor revela a imortalidade enquanto expressão máxima da essência da vida. A imortalidade não desaparece, mas passa para segundo plano.

Terceiro corolário: *ter nascido para a vida.* O leitor aproxima-se do pensador: treina-se em receber. É por isso que Jünger comenta que, se a morte der connosco com um livro nas mãos, partimos já com alguma vantagem, porquanto estamos habituados a receber. Conhecimento sem orgulho significa um conhecimento que percebe tanto a sua potência como aquilo que o ultrapassa; conhecimento que não converte a sua autonomia num absoluto, mas antes que a vincula a uma heteronomia radical que a funda. Arendt, interessada em sublinhar a excelência da ação, elege o nascimento como símbolo, porque nascimento é início, origem, novidade. Aqui, contudo, gostaríamos de sublinhar não exatamente o nascimento, mas o *encontrar-se tendo nascido.* Sentimos que podemos (autonomia), mas podemos a partir de encontrarmo-nos vivendo (heteronomia). A lembrança dessa passividade básica é a melhor correção do orgulho. Uma heteronomia que não pede submissão, mas respeito; que não restringe a liberdade da vida, mas que continua a alimentá-la. Na admissão, o leitor treina-se.

Tanto a árvore do conhecimento como a árvore da vida estão aqui, na periferia do Éden. Já comemos e podemos continuar a comer os seus frutos. Essas duas árvores estão ligadas por cima e por baixo. A suas raízes estão não apenas trançadas mas conectadas, permitindo assim que a mesma seiva passe de uma para a outra. Por cima, os ramos criam uma espécie de teto protetor, sob o qual os humanos podem abrigar-se.

Nem Édipo é o asfixiante teatrinho freudiano da nossa família mais próxima, nem Adão o é da mais afastada. São o relato das experiências fundamentais da vida.

Agora, aqui, na periferia, temos essas árvores; somos essas árvores. A da vida leva-nos à do conhecimento. E a do conhecimento, se depois de nos acercarmos dela formos verdadeiramente capazes de saborear os seus frutos, conduz-nos de volta à da vida, com mais vida.

([77]) João I, 3, 14.

VII

As vacas, Nietzsche e Francisco de Assis

«Rasgou o próprio coração até o fazer em farrapos.
Não passava de veludo.»

Elias Canetti,
La Provincia del Hombre

Se uma vaca olha para nós

Entre as inúmeras curiosidades que o antigo escritor romano Cláudio Eliano conta na sua *De Natura Animalium* [*Da Natureza dos Animais*], há uma segundo a qual, numa determinada zona da Líbia, havia uma manada de vacas que pastavam andando às arrecuas, porque os seus cornos tinham-lhes crescido diante dos olhos.

Mas a manada de vacas que costumava pastar não muito longe da caverna de Zaratustra, num pasto um pouco íngreme, era uma manada de vacas sem nenhuma particularidade extraordinária; a maioria delas de raça Bruna, exceto umas poucas que eram Limousine. Sabemos que as vacas são animais que gostam de silêncio; silêncio testemunhado por todos os seus movimentos: o ato de ruminarem, a forma como levantam a cabeça e olham em volta, o andar pachorrento, em jeito de procissão... Mesmo com o tinir dos chocalhos, a vida diária da vaca segue um itinerário parcimonioso, integrado na serena amplidão da paisagem campestre.

As vacas são muito do agrado de Nietzsche, que, obviamente, embora nunca elogie a manada, nem o facto de se tratar de animais domados e domesticados, enaltece, em certos contextos, a sua capacidade de ruminar. O homem moderno, ansioso e agitado, deveria aprender a mastigar melhor, ou seja, mais repetidamente e mais morosamente. Ruminar é alimentar-se pacífica e pacientemente, meio deitado, com momentos de sonolência e como quem oscila entre a tontice e a reflexão.([78]) Ora bem, uma vez que os movimentos tendem a ser ambivalentes, noutras ocasiões a ação de ruminar não agrada tanto ao filósofo de Sils-Maria, porquanto lhe sugere algo excessivamente brando e amorfo: a cultura das papas.

Referindo-se ainda às vacas, Nietzsche destaca aquela que é para ele a primordial diferença entre o homem e essa espécie animal. Imaginemo-nos encostados à cerca do campo onde pasta a manada de vacas. Uma delas encontra-se a poucos metros de distância e, ao notar a nossa presença, levanta a cabeça e olha para nós, com um gesto impávido. Passado algum tempo, a mesma vaca volta a levantar a cabeça e a olhar para nós. E, surpreendentemente, fá-lo como se fosse a primeira vez, não a segunda. Como se explica isso? Ora bem, aqui radica — pensa Nietzsche — o segredo da sua felicidade. É como se a vaca estivesse continuamente absorta no momento presente e não guardasse memória do passado, nem mesmo de um passado próximo. Essa ancoragem no aqui e no agora proporciona-lhe a felicidade que a nós nos falta, porque nunca deixamos de recordar. Podemos reiterar a mesma cena, mas agora com palavras do próprio Nietzsche. Apoiados na cerca, e antes de toda essa digressão, poderíamos perguntar à vaca: «porque é que não me falas da tua felicidade e te limitas a olhar para mim? O animal gostaria de poder responder e dizer-nos: isso acontece porque eu esqueço-me sempre do que ia dizer — mas, de repente, também dessa resposta ele se esqueceu e ficou calado [...]»([79]). Já estamos acostumados e resignados a que o

---

([78]) Ver o final do prefácio de Friedrich Nietzsche, *La Genealogía de la Moral* (tradução de Andrés Sánchez Pascual), Madrid, Alianza, 1972.

([79]) Friedrich Nietzsche, *Sobre la Utilidad y los Perjuicios de la Historia para la Vida* (tradução de Dionisio Garzón), Madrid, Edaf, 2000, pp. 35–36.

génio de Nietzsche se imponha sem paliativos. Na realidade, a vaca gostaria de ajudar-nos e responder-nos para que também nós pudéssemos compartilhar da sua felicidade, mas como ela é tão feliz — com uma capacidade tão espontânea de esquecer —, não consegue fazê-lo. De acordo com Nietzsche, nós, por outro lado, sofremos nesse ponto de uma carência: somente com um esforço gigantesco conseguimos livrar-nos do lastro da memória. A capacidade de esquecer é um poder, e sem essa capacidade «não pode haver nenhuma felicidade, nenhuma jovialidade, nenhuma esperança, nenhum orgulho, *nenhum presente* [...]» ([80]).

Procuramos a felicidade das vacas? Seguramente que não. Mas é bem verdade que muito do nosso sofrimento advém de sentirmos a vida como vida pessoal, e de recordarmos e mantermos presente os sofrimentos e os infortúnios do nosso próprio caminho e do caminho dos outros. Podemos, ainda assim, aprender alguma coisa com o olhar da vaca? Claro que sim, no sentido de saber repetir; de repetir como, se de alguma forma, fosse a primeira vez.

Notas prévias a um encontro muito singular

A transbordante imaginação nietzschiana leva a que Zaratustra tenha um inesperado e curioso encontro com Francisco de Assis. Seguramente que Nietzsche conhecia as historietas e as lendas que se contavam sobre a vida do santo e afirmava que ele era o único autêntico discípulo de Jesus Cristo. Sem especificar o seu nome, Nietzsche introduz Francisco na quarta parte de *Assim Falou Zaratustra*, no capítulo intitulado «O Mendigo por Vontade Própria».

É importante situar bem o momento em que se produz esse encontro. A teoria do eterno retorno, que é o diamante do pensamento de Nietzsche-Zaratustra, fora já exposta na terceira parte da obra; da eternidade afirma que é a mulher que ama de verdade e de quem quisera ter filhos. O pensamento mais abissal foi então verbalizado, e a paixão por ele declarada. E agora? Zaratustra deve mostrar o que fazer e como é que se deve viver; isso é uma incumbência sua, que é o portador de um evangelho tão colossal. Aqui partilho da opinião de Eugen Fink

---

([80]) Friedrich Nietzsche, *La Genealogía de la Moral*, *op. cit.*, p. 66.

— um perspicaz leitor de Nietzsche — quando este afirma que uma coisa é o pensamento de Zaratustra, possuidor de uma força excecional que abala todos aqueles que o leem ou escutam, e outra muito diferente é o caminho vital e concreto de Zaratustra. Não é suficientemente patente que esse personagem desfrute nem do seu saber nem de sua solidão. A tese de Fink é a de que Nietzsche é poderoso quando fala e pensa enquanto Zaratustra, mas que perde intensidade quando pretende descrever o tipo existencial que é Zaratustra.([81]) Dá a impressão de que a vida desse personagem não se consegue destacar da mesma forma que os seus pensamentos.

E, no entanto, sabemos que o pensamento que não consegue expressar-se na vida tem pouca vida. O grande estilo deve luzir na própria vida. A poética nietzschiana depara-se aqui com um escolho que não contorna bem. O personagem Zaratustra deveria resplandecer por si mesmo e destacar-se ainda mais que os homens superiores. Esses personagens, sem chegarem ao nível do super-homem, já são pontes para ele, porquanto lograram substituir os velhos valores por outros novos, isto é, mais mundanos. Mesmo assim, os homens superiores são ainda demasiado humanos e não se conseguem livrar por completo da sombra do niilismo. São os personagens que aparecem na quarta e última parte de *Assim Falou Zaratustra*: o último papa, os dois reis, o mais feio dos homens, o homem da sanguessuga, o feiticeiro, o adivinho e aquele que aqui nos interessa: o mendigo por vontade própria.

Comentarei livremente e sem grandes restrições algumas passagens desse capítulo, permitindo-me, inclusive, ensaiar uma breve continuação, com o intuito de mostrar que, quase desde o início, Francisco se revela uma figura existencial mais atrativa do que o próprio Zaratustra; tudo acontece como se este fosse ofuscado pelo seu visitante.

Quando toda a manada de vacas escuta um único homem

Ali mesmo, na sua caverna, ou nas imediações dela, Zaratustra vai-se encontrando com indivíduos que conseguiram subir àquelas

([81]) Eugen Fink, *La Filosofía de Nietzsche* (tradução de Andrés Sánchez Pascual), Madrid, Alianza, 1966, p. 170.

alturas, que talvez o procurem, ou que talvez queiram descobrir e amar aquilo que ele já descobriu e ama. Um dia, sente a presença de mais alguém que rondaria não muito longe dali. Olha em redor e tudo o que divisa é uma manada de vacas que formam um círculo, mas ouve uma voz que sai do meio desse círculo. Então, pensando que alguém poderia estar gravemente ferido, dirige-se, rápida e solicitamente, para lá. Tem uma surpresa ao deparar-se com um homem que está a falar com os animais. Como se de uma fulguração instantânea se tratasse, Zaratustra sente uma certa inveja. Como podiam as vacas estar tão cativadas? De facto, as vacas, ainda que dispusessem de um ângulo de visão panorâmico, tendo, portanto, visto Zaratustra chegar, em nenhum momento lhe prestaram a menor atenção. Quem era aquele encantador de animais que, sentado no chão, dizia às vacas que não precisavam de ter medo dele e que queria aprender alguma coisa com elas? Logo de início, Zaratustra advertiu que era a bondade aquilo que os olhos daquele homem pregavam.

Questionado por Zaratustra sobre o motivo da sua viagem, respondeu que procurava a felicidade na terra e que, por isso, depois de conversar um pouco com as vacas lhes havia perguntado se tinham algo a dizer sobre o assunto. E que estaria prestes a receber uma resposta quando, de repente, a chegada do homem com quem agora conversava deitara tudo a perder. O pregador ignorava que não fora por causa da súbita interrupção de Zaratustra que as vacas não lhe responderam, mas justamente porque se esquecem de tudo — razão da sua felicidade. Mas aquela boa alma não andava desencaminhada. Fugira da angústia para procurar a felicidade e estava agora no meio das vacas. Já havia intuído que para alcançar a felicidade era preciso aprender a ruminar como elas. Está atento ao ruminar e pergunta. Os sábios não se limitam a pregar, fazem também perguntas e sabem escutar.

Aquele que falava com as vacas fixou bem Zaratustra e, estupefacto, reconheceu nele o superador da grande náusea. Então, cheio de júbilo, mas com emoção contida, celebrou a presença de Zaratustra como uma preciosíssima dádiva. Por sua vez, Zaratustra reconheceu também a pessoa que o estava a louvar. Sem o nomear, diz-lhe:

> «Não és tu o mendigo por vontade própria que em tempos rejeitou uma grande riqueza — que se envergonhava da sua riqueza

e dos ricos e fugiu para junto dos pobres para lhes oferecer a sua plenitude e o seu coração? Mas eles não o aceitaram.» ([82])

Francisco nasceu no seio de uma rica família de comerciantes na cidade de Assis, no final do século XII, mas cedo abriu mão dos seus privilégios e da sua vida abastada para estar próximo dos pobres. Alguns amigos e vizinhos seguiram-no, iniciando-se assim a aventura dos frades *menores*, da ordem franciscana; a ordem daqueles que, voluntariamente, se fazem pequenos e abraçam a *menoridade*. Não é verdade — como relata Nietzsche — que os pobres tenham rechaçado Francisco, mas é verdade que, no final da sua vida, teve desavenças com os irmãos da sua própria ordem, que havia crescido desmesuradamente.

No texto, Nietzsche dá a entender que Zaratustra e Francisco coincidem no diagnóstico da situação, tal como é descrita por este último: não se pode estar entre os ricos, mas tão-pouco entre os pobres. Entre os ricos não há felicidade porque o afã por riquezas depressa se torna um jugo, à semelhança do afã por obter muitas honrarias ou por ter muitas mulheres. A codícia é a escravidão dos ricos. A isso deve acrescer o facto de muitas vezes — nem sempre — as grandes fortunas herdadas terem origens fraudulentas. Entre os pobres tão-pouco se pode estar, porque eles reagem como escravos, com inveja, rancor e orgulho plebeu, ou seja, com ressentimento. Daí que se deva procurar a felicidade mais além, talvez entre as vacas. Tudo isso é contado por Francisco, triste e muito áspero. Ocasião que Zaratustra muito oportunamente aproveita para lembrar a Francisco que essa atitude furiosa não lhe cai bem; que não combina com o seu talante mais autêntico. Ou seja, Zaratustra lembra a Francisco quem é Francisco: «Estás a violentar-te, ó pregador da montanha, usando tão ríspidas palavras. Nem tens boca nem olhos à medida de tal rispidez.» ([83]) Zaratustra incentiva o mendigo a não abandonar a sua essência: a sua doce bondade. Aqui, Zaratustra é extremamente atencioso e generoso. Ajuda o mendigo a voltar a ser ele mesmo, a recuperar o melhor de si, e nada reprova nele, nada lhe recrimina. Isso é generosidade: ajudar os outros a serem melhores — o que, por sua

---

([82]) Friedrich Nietzsche, *op. cit.*, p. 345.

([83]) *Ibid.*, p. 346.

vez, cria comunidade. Nesse momento, o espírito de Zaratustra resplandeceu como uma estrela.

O mendigo por vontade própria percebe que Zaratustra o entende muito bem e sente-se aliviado. É a paz de sentir-se compreendido e aceite pelo outro. Mas é também a sua paz mais íntima. É pela alma do mendigo ser feita de uma tão doce serenidade que, a seu lado, as vacas permanecem tão pacíficas.

Após o mendigo e Zaratustra estarem plenamente sintonizados, este último mostra-se hospitaleiro e convida o mendigo a despedir-se das vacas para ir conhecer os seus animais: a sua águia e a sua serpente — Zaratustra sabe que o mendigo não se aproxima apenas das vacas, mas que é amigo de outros animais, aos quais jamais se dirige para sujeitar. Assim, indica-lhe o caminho que leva ao seu reduto, onde falará de felicidade com a águia e com a serpente; mais tarde, ele próprio chegará e juntar-se-á à conversa. Sugere também ao mendigo que aproveite para desfrutar de um alimento: «Também vais encontrar mel fresco em minha casa, mel dourado dos favos gelados: come-o!» ([84])

Ao receber o convite, o mendigo elogia Zaratustra, dizendo-lhe que lhe quer bem, que ele é muito bom e muito melhor do que as vacas. De repente, porém, diante dessa exaltação, Zaratustra reage furiosamente: «Fora, fora contigo, ó desalmado bajulador! — gritou Zaratustra com maldade —, porque estás a estragar-me com tal elogio e mel da lisonja?» ([85]) E, como se tal não bastasse, ameaça-o com o cajado enquanto o mendigo foge a correr. Como se explica esta reação tão colérica? Bem, obviamente porque Zaratustra crê entrever servilismo na atitude do mendigo. Mas equivoca-se completamente. Do mendigo nunca partiu nenhuma adulação, nenhuma falsa bajulação, mas apenas agradecimento — e agradecimento genuíno, sem submissão. A sua atitude não é niilista, mas criadora. A grande força do mendigo por vontade própria — o seu poder — vem da gratidão. Mas eis que, afinal, Zaratustra não soube receber bem o elogio sincero que lhe foi dirigido.

([84]) *Ibid.*, p. 347.
([85]) *Ibid.*, p. 347.

Se Zaratustra tivesse sabido receber bem

Se Zaratustra tivesse sabido receber bem, então Francisco teria subido até à sua gruta. E, ao entardecer, voltando para casa, o anfitrião teria encontrado o hóspede a conversar calmamente com a águia e com a serpente, ambas absortas no rosto do seu interlocutor. Então, poderia entrever nele não apenas um seu semelhante, mas talvez até mesmo um irmão. Francisco, tal como Zaratustra, sobressaía de uma maneira muito especial.

> «Já sabia — dir-lhe-ia Zaratustra — que não só te entendes com os animais mansos, mas também com os mais perigosos. A tua estirpe não é a que parece; vens de mais longe. De ti se contava a amizade que tinhas com as rolas e com os peixes, mas também com os lobos.»

De facto, circulava a história de que, rondando uma aldeia, havia um lobo verdadeiramente feroz que aterrorizava toda a população e que, frequentemente, atacava rebanhos de cabras. Francisco foi então ao seu encontro, e o lobo, de um primeiro impulso de saltar-lhe para cima e comê-lo, passou a escutá-lo e a acercar-se dele abanando a cauda.

O lobo lambia-lhe as mãos ante a estupefação de todos os habitantes da aldeia que presenciaram a cena.

Se Zaratustra tivesse sabido receber bem, teria estado à altura de uma das suas convicções mais preciosas. De facto, tinha sido o próprio Zaratustra que, pouco depois de se cruzar com Francisco, reconhecera perante ele «que dar corretamente é uma *arte* e a última astuciosíssima mestria da bondade» ([86]). Precisamente à virtude de dar, Nietzsche já havia dedicado o capítulo intitulado «Da Virtude Dadivosa», capítulo que, de certa forma, prefigura a significação da vontade de poder. Nesse capítulo, escrevera coisas como esta: «É incomum a virtude suprema e inútil, é reluzente e de brilho suave: a virtude suprema é uma virtude dadivosa.» ([87]) Dadivar, dar, eis o que há de mais elevado, de acordo com aquilo que Zaratustra ensina a quem o escuta. E cada um de nós deve ver-se a si mesmo como gerador, como fonte de dádivas. Falar aqui de egoísmo, como faz Zaratustra, é mudar o sentido da palavra.

([86]) *Ibid.*, p. 345.
([87]) *Ibid.*, p. 110.

Trata-se de entender que, de forma a podermos dar, é preciso termos vitalidade; que de forma a podermos ser generosos é preciso termos força.

Se dar é o mais valioso, o que é o pior? À semelhança do que Francisco poderia ter feito, Zaratustra pregava assim aos seus discípulos: «Dizei-me, meus irmãos: que consideramos nós mau e péssimo? Não é a *degenerescência*? E é sempre da degenerescência que suspeitamos quando falta a alma dadivosa.» ([88])

O que é magnífico é a geração e o dar, e o mais baixo a degeneração, que diz: «tudo para mim». Nisso, Zaratustra e Francisco andam de mãos dadas. Francisco ensinou isso de tal maneira que alguns frades chegavam a extremos ao mesmo tempo enternecedores e cómicos, como aquele contado a respeito de frei Junípero. Um dia, o frade encontrou um pobre que lhe pediu esmola. Frei Junípero disse-lhe: «Não tenho nada que te possa dar a não ser esta túnica, e o superior ordenou-me que não a desse a ninguém, nem nada que faça parte do hábito; mas se tu ma tirares à força, não te impedirei.» Obviamente que o superior do convento o havia proibido de dar a sua túnica porque, por mais de uma vez, ele havia regressado completamente nu. Apesar destes episódios anedóticos, Zaratustra e Francisco sabem que o mestre é-o verdadeiramente quando dá, quando se dá. Dar aos discípulos, dar-se aos outros, converter-se em bebida e alimento, eis o destino mais elevado e também o mais difícil e espinhoso.

Assim sendo, se Zaratustra tivesse sabido receber bem, ambos teriam acabado por perceber a sua comum amizade com os animais, e também que coincidiam na hora de eleger a mais capital das virtudes. Essa semelhança é tão bela que vamos supor que Zaratustra soube receber bem, naquela ocasião ou noutra qualquer posterior. (A verdade é que tal suposição não está longe de se conciliar com o texto do próprio Nietzsche. Não obstante o final abrupto do capítulo que estamos a comentar, logo sobreviria algum tipo de reconciliação, pois de outra forma não se entenderia que, passados alguns dias, Zaratustra compartilhasse a mesa com todos os homens superiores como seus convidados, entre eles o mendigo por vontade própria.)

Seja como for, suponhamos que Zaratustra tinha sabido receber bem o elogio de Francisco, que este havia subido até à

([88]) *Ibid.*, p. 111.

gruta e que tinha sido tratado com muita gentileza. De tal forma que, pouco depois, teria sido Francisco a convidar Zaratustra a visitar o seu convento para que conhecesse os seus irmãos. Zaratustra aceitou, e ambos desceram caminhando até à planície, à Porciúncula, onde os frades viviam em cabanas feitas de ramos e barro.

Os frades menores, ao verem chegar o seu amado Francisco, correram para o receber, e também festejaram o seu companheiro. Zaratustra percebeu imediatamente quão pouco havia naquele lugar. No exterior, apenas uma fogueira e uma panela fumegante com algumas verduras colhidas aqui e ali. Ao entrar na casa, todos se sentaram em círculo, e assim passaram um bom bocado, sem palavras, apenas com sorrisos e com gestos de alegria. Um frade foi buscar uma malga de caldo para oferecer a Zaratustra. Mais tarde, outro frade levantou-se, dirigiu-se ao hóspede e abraçou-o muito afetuosamente, também sem pronunciar qualquer palavra. Tudo o que havia para dizer fora dito nos sorrisos, na malga de caldo e no abraço.

A meio da tarde, os frades despediram-se de Zaratustra, e Francisco acompanhou-o durante algum tempo no caminho. Foi então que lhe falou da alegria. Muito oportunamente, porque tanto Zaratustra como Francisco sabiam que, no fundo, o que todos os homens procuram não é a felicidade do bem-estar, mas a felicidade da alegria, o mais poderoso de todos os sentimentos.

De novo, e também por um breve momento, Zaratustra pareceu perturbado: será que aquele homem, na sua humildade, se lhe tinha antecipado? Mas disse a si mesmo que não podia ser, porquanto o mendigo era um homem de piedade antiga, desses que ainda levantam as mãos e o olhar para o céu, ao invés de o fazer apenas para a terra.

«Há muito tempo que prego a alegria» — disse Zaratustra. — «Digo sim à vida, àquilo que criei para todos e que quero repetir para sempre.»

«Dou graças por te ter encontrado na tua montanha» — respondeu-lhe Francisco. — «Partilho contigo o anelo da alegria perfeita. Quando nos conhecemos, logo percebestes que também eu me encolerizava, porque o meu ânimo padece ainda de debilidades. Contudo, graças à tua generosidade, corrigiste-me, e depressa regressei onde resido habitualmente: à paz e à alegria.

Quisera ser capaz de alegria, da alegria que se conserva quando até os teus amigos te questionam e te abandonam; a que permanece mesmo nos momentos de tribulação e de adversidade.»

A alegria perfeita não está no conhecimento, nem no jeito para lidar com as pessoas, nem na capacidade de persuadir toda a gente; a alegria perfeita surge quando não recuamos, nem mesmo diante das dificuldades e da rejeição dos nossos entes queridos. É óbvio que no caso de Francisco tal alegria vem da sua confiança em Deus, mas vejamos como esse sentimento se repercute nos outros. Com efeito, a ideia de alegria perfeita é expressa por Francisco a frei León durante uma noite bastante inóspita em que se haviam posto a caminho. Nessa cena, é possível ver como a alegria de Francisco cobre o outro frade. Na proximidade de um homem com uma tão grande firmeza, o irmão León sente-se amparado. Francisco converte-se em conforto e abrigo. A sua alegria é refúgio para os outros. Em qualquer transe ou tribulação, se um homem mostra confiança, os demais colhem disso benefício. A alegria espalha alegria; a confiança transmite confiança.

A alegria perfeita não provém de que todos nos aplaudam e nos sigam, nem de sermos solicitados pelos mais poderosos, nem de nós mesmos sermos poderosos. Conta Francisco:

> «Regresso de Perúgia e, no meio de uma noite cerrada, chego aqui; é inverno, está tudo enlameado e faz tanto frio que nas bordas da túnica se formam sincelos de água fria congelada que fustigam continuamente as pernas, e sangue escorre das suas feridas. E todo enlameado, entorpecido e gelado, chego à porta; e, depois de bater e de chamar por alguém durante bastante tempo, vem um irmão e pergunta:
>
> — Quem é?
>
> Respondo:
>
> — O irmão Francisco.
>
> Ele diz:
>
> — Vai-te embora. Não é uma hora decente para andar na rua; não te vou deixar entrar.
>
> E, insistindo eu de novo, ele responde:
>
> — Vai-te embora. És um simples e um ignorante. Já não te queremos connosco. Somos tantos e tais que não precisamos de ti.
>
> Eu volto a bater na porta e digo:
>
> — Pelo amor de Deus, acolhe-me por esta noite.

E ele responde:

— Não o farei. Vai ter com os crucíferos([89]) e pede-lhes a eles. Digo-te que, se fui paciente e não me perturbei, nisso está a verdadeira alegria, a verdadeira virtude e a salvação da alma.» ([90])

A alegria perfeita é incondicional. Não depende de nenhum bem concreto, mas de um sentido profundo da vida. É por isso que Francisco não se preocupa com o futuro e vive confiadamente; está em condições de cultivar a alegria em qualquer deserto. A alegria perfeita é uma maturidade, uma doçura permanente, mesclada com uma certa melancolia. A alegria perfeita tem que ver com a aceitação da morte e do próprio «fracasso». Mas *nunca* com a aceitação do sofrimento ou da injustiça que assola os outros. Contra isso cabe unicamente um combate sem tréguas.

Nascemos de repente, mas amadurecemos muito paulatinamente. E o amadurecimento é o caminho em direção à pobreza essencial da alma.

A alegria perfeita é pobreza, e convém à alma porque a alma é essencialmente pobre. Por isso, a vida espiritual não pode ser outra coisa senão o cuidado pela pobreza da alma. Ver um frade pregar em trajes menores era algo que podia levar ao riso e a considerá-lo mesmo meio louco. Mas depressa as pessoas compreenderam que aquela nudez física era sinal de uma nudez ainda mais profunda.

Como é possível imaginar uma alma cheia de posses? Uma alma transbordante de riquezas parece uma contradição. A alma é pobre. E a pobreza da alma é a sua riqueza. Esta é a grande descoberta do mendigo por vontade própria: que o fundo da alma — ou que, no fundo, a alma — não é uma complexidade, mas uma nudez, uma pobreza. Paradoxalmente, a alma grande é a alma pobre.

Há muito que Zaratustra pregava a alegria. Mas compreendeu que Francisco já a vivia.

Francisco sobe à montanha, mas regressa à planície. Zaratustra sobe a montanha; é o homem das alturas, dos picos mais frios e gelados. Fala muito da terra, mas, na verdade, é um poeta do

---

([89]) Integrante da extinta ordem de Santa Cruz. [*N. do T.*]

([90]) Francisco de Assis, *Escritos. Biografías. Documentos de la Época* (tradução de José Antonio Guerra), Madrid, BAC, 2011, pp. 101-102.

ar([91]); ele mesmo se vê como uma flecha lançada para o alto. No cume, o valor é o frio e o gelo. Por isso, Zaratustra havia convidado Francisco a comer do seu mel *gelado*. Enquanto na planície o valor associado ao mel é a doçura e a calidez, no cume até o mel é muito frio. Francisco é o poeta da casa humilde e fraterna da planície. Zaratustra é-o do ar gélido dos cumes. Em nenhum lugar há tantos relâmpagos como nos picos. Zaratustra é um relâmpago. Francisco, uma chama, como a de uma vela. O raio é luz fria e ofuscante. A chama aquece e é a luz da penumbra, a luz da nossa periferia. Na planície, o Sol aquece. No cume, até o Sol se mostra frio. Zaratustra é o poeta da verticalidade. Francisco é o poeta da horizontalidade fraterna. Zaratustra quer vencer o peso da terra para dançar com uma leveza quase não sujeita à gravidade e, até mesmo, voar. Francisco quer viver na planície em comunhão solidária.

Mais à frente, Francisco visitará novamente Zaratustra — ele sabe o que significa cuidar. Mas por agora despede-se. «Obrigado, irmão Zaratustra, pela dádiva da tua companhia e por teres vindo ao nosso convento. Diz à irmã águia e à irmã serpente, e às irmãs vacas do pasto, que voltarei.» Dá-lhe um abraço e deseja-lhe «paz e bem». Zaratustra põe-se a caminho para as suas alturas sem nada dizer, comovido e pensativo. No dia seguinte, na sua cabana, ainda ressoarão nos seus ouvidos as palavras de Francisco, que tão espontaneamente o havia tratado por «irmão». Também ele, Zaratustra, é inimigo das abstrações, dos mundos ideais e estéreis, e das grandes palavras vazias. Para ele, o louvor dos sentidos é o louvor do mundo cambiante e das coisas, dos indivíduos, dos animais que, enquanto *quanta* do poder, aparecem nesse imenso cenário.

Francisco ensina a viver de uma determinada maneira porque ensina a olhar de determinada maneira. No «Cântico das Criaturas», um dos mais belos poemas alguma vez escritos, Francisco fala do irmão Sol, da irmã Lua e das estrelas, do irmão vento e do ar, da irmã água, do irmão fogo, da irmã Mãe-Terra. São pares de elementos com alternância masculina e feminina — tornando ainda mais manifesta a fraternidade entre eles. Francisco chega mesmo a falar da «irmã morte». Não são objetos

---

([91]) Gaston Bachelard, *El Aire y los Sueños* (tradução de Ernestina de Champourcín), Cidade do México, FCE, 1997, pp. 159 e ss.

representados, nem elementos genéricos, nem postais de fruição estética; são coisas que acompanham as nossas vidas — fraternidade e proximidade sem identificação nem integração. Constituem o gozo da vida que sentimos. O vento do Sul traz o sabor do mar; o vento do Norte, o frio da neve e do degelo. Nem ordem objetiva do mundo, nem sistema cosmológico, apenas beleza e dádiva na periferia. E as coisas não são tomadas em conjunto e no abstrato. Francisco não fala de «natureza» — um conceito abstrato —, mas antes de cada uma das criaturas. Não o bosque indiferenciado, mas as árvores. Concreção. Não a irmã natureza, mas o irmão Sol, o irmão vento... O irmão deve ser alguém *concreto*, não algo geral ou abstrato. Nós, por outro lado, não paramos de abstrair e de confundir tudo em um Todo. As crianças não o fazem: cada coisa é cada coisa, na sua concreção e na sua verdade.

Por muito que custe ao ecologismo atual, é preciso que percebamos que Francisco não era um amante da natureza, mas sim das criaturas deste mundo. Não a «natureza», mas estes ciprestes, estas nuvens, esta borboleta, estas formigas, estas andorinhas que assomam do ninho de barro que existe sob o beiral da casa, este céu que a cada instante nos acompanha, esta água que bebemos. Francisco tão-pouco via uma paisagem estática que se oferecia à contemplação estética. Via um *drama*: uma rola que passa e se detém num ramo, e aquele que lhe dirige algumas palavras. O olhar *ingénuo* é um olhar dramático: as coisas concretas que acontecem. E nós que nos sentimos no meio desse drama. O olhar respeitoso e fraterno de Francisco era, sem dúvida, o que produzia esse efeito. O milagre tem lugar quando olhamos cada coisa por si mesma, e para os olhos de cada pessoa. A vida de Francisco articula-se sobretudo a partir dos encontros dramáticos com os seus irmãos.

A inspiração franciscana permite-nos ir dos elementos como princípios (filosofia pré-socrática) às coisas, às criaturas e às pessoas como irmãos. Usufrutuários do mundo. O mundo convida-nos à fruição, a alimentar o corpo e o espírito; e a caminhar sem pisar nada nem ninguém. Os franciscanos não têm nada e não deixam de dar graças por tudo. Apoderaram-se do mundo sem o possuir. Saudação fraterna, que procede de uma familiaridade imemorial: paz e bem.

As vacas, o profeta de Sils-Maria e o pobre de Assis são generosos. Mas este último sente-se, acima de tudo, um irmão e trata fraternalmente os outros. O caminho de Zaratustra-Nietzsche é mais solitário. Parece que o pensamento das alturas estava ameaçado de deterioração por causa das relações. Em contrapartida, a vida de Francisco é uma vida criadora e generosa *a partir* das relações. Afinal, a poesia mais excelsa não é a que se escreve, mas a que se faz.

VIII

O deslocamento político de meio palmo em direção à comunidade que vive

Caderno de notas número 3

1.

Dificuldade. Na periferia, a vida é difícil. Tudo custa: a vida pessoal e a vida coletiva — a política no sentido lato da palavra. A esse respeito, vale sempre a pena referir o velho Platão recordando as suas desventuras quando, ainda jovem, se quis dedicar ao governo da cidade. Por duas vezes consecutivas, dececiona-se ante a corrupção e as injustiças, de entre as quais sobressai a da condenação do seu admirado mestre Sócrates. A maturidade e a experiência implicam uma consciência da dificuldade:

> «Examinando estes acontecimentos e os homens que se ocupavam das questões políticas, estudando as leis e os costumes, quanto mais considerava tudo isso e quanto mais velho me tornava, mais difícil me parecia gerir corretamente os assuntos públicos.» ([92])

([92]) Platão, *Cartas*, VII, 325 c (tradução de José B. Torres), Madrid, Akal, 1993, p. 91.

Quanta razão! Só que hoje deveríamos admitir que a dificuldade, se bem que distinta, é de todos e não apenas dos governantes. Aspereza e complexidade da vida da periferia. A política é o envolvimento dos cidadãos na comunidade e na sua condução. Na periferia, é difícil gerar, e o perigo de degeneração está sempre à espreita. Tudo pode facilmente malograr-se. Não é preciso chegarmos aos antípodas do bom para nos encontrarmos com o mau; a degeneração está a muito curta distância. O companheirismo degenera em desprezo, o mercado em mercantilismo, o consumo em consumismo, a democracia em populismo, a autoridade em autoritarismo, a comunicação em demagogia, o serviço em corrupção... Felizmente, também a uma curta distância, mas na boa direção, a geração pode ser verdadeiramente assombrosa.

2.

Mentira. Tiranias, teocracias e totalitarismos são regimes políticos que encobrem ou ignoram a periferia. São fundados na mentira. Portanto, a política da periferia tem inimigos. E precisa de se esforçar para se manter firme. Na periferia cada pessoa merece um nome próprio, e partilha da mesma condição que as demais. Daí que a democracia seja a forma política apropriada para a periferia — a maneira, não o horizonte. Requer tenacidade de forma a sustentar-se, não só perante as políticas da mentira, mas perante as suas próprias degenerações.

3.

Fraternidade. Na periferia, são necessários vários tipos e registos de ação política; são imprescindíveis. Os apontamentos deste capítulo dizem respeito unicamente à *comunidade que vive*, que é a comunidade gerada pela fraternidade. É amplamente sabido que a fraternidade é a terceira das palavras de ordem revolucionárias; a terceira, mas, na realidade, a única, graças à qual as outras duas — liberdade e igualdade — podem vir a ser realizadas, não apenas formalmente, mas também de facto e concretamente. A ação política movida pela fraternidade nunca carece nem de alma nem de ânimo. E nunca é ação política *degenerada*, nem nunca é *aparência* de ação política. Todos os seus frutos, por menores que sejam, fazem parte da *comunidade que vive*, que não é uma comunidade idílica, nem utópica, nem perfeita, nem angelical, nem paradisíaca, mas sim a comunidade humana da periferia, imperfeita, mas acolhedora e curadora. A comunidade em cujo seio a paz não é a correlação de forças, nem a estabilidade do sistema, mas antes o olhar e o gesto de uns pelos outros. A comunidade que vive corresponde ao que Jan Patočka chama «solidariedade dos comovidos», que é a solidariedade dos que relativizam tudo o que é relativizável e que, por isso, se juntam. É a solidariedade dos comovidos pela afeção infinita; afeção que se vive, ao mesmo tempo, como uma espécie de exigência e de responsabilidade. Pois bem, a política da comunidade que vive nutre-se de uma constelação de elementos vigorosos — embora nem todos identificados. Alguns desses elementos são palavras que (nos) salvam e que há que salvar. Palavras como *reconhecimento, generosidade, companheirismo, agradecimento, tato, reflexão.*

4.

«*É mesmo?*» A vida política, a vida filosófica e a vida espiritual começam neste mesmo ponto; na realidade, não são três tipos de vida diferentes, mas três versões do mesmo fundo. «É mesmo?» — ou «De certeza?» — é uma pergunta muito simples, mas capital. Apesar da sua forma aparentemente cética, expressa o início de uma crença ao mesmo tempo que a resistência a todo o domínio (quando há já degeneração — sempre — e quando esta domina — frequentemente). O que é a dúvida filosófica senão uma resistência? De facto, quando a dúvida não é uma paixão e uma resistência, é porque não tem nada de dúvida; na melhor das hipóteses, consistirá, talvez, num exercício intelectual mais ou menos engenhoso. A autêntica dúvida filosófica — política e espiritual — surge ao questionarmos a suposta evidência. Ante o que parece evidente porque domina, cabe reagir do seguinte modo: «É mesmo?», «De certeza que é mesmo assim?». Observando a suposta evidência, costuma-se afirmar: «Tudo é poder», «Tudo são interesses», «O dinheiro tudo pode», «O domínio e a violência, patentes ou sub-reptícios, estão por todo o lado», «Tudo é absurdo e em vão»... Perante tais afirmações, é possível assentir e compadecermo-nos, ou assentir e aproveitarmo--nos disso. Boa parte da ação política que conhecemos opta pela segunda hipótese: constata que a sociedade é assim e tira o máximo partido da situação adaptando-se astutamente. Mas resta, todavia, uma terceira opção: a que tenta *introduzir* a dúvida como uma cunha, assinalando, assim, que outra revelação já começou. A dúvida reconhece aquilo que domina, mas discorda que isso seja tudo. O «É mesmo?» é como um passo atrás ante a pretensa evidência. Passo atrás que é estranho e que incomoda aqueles que se aproveitam. Quem duvida, põe em causa o mundo, mas também a si mesmo, uma vez que, numa dose maior ou menor, também esse alguém faz parte desse mundo, e dele se aproveita. Assim sendo, a verdadeira dúvida aponta já para uma mudança de vida. Retroceder ante a evidência do conflito e do egoísmo. Não deixar de acreditar nisso e deixar de nos aproveitarmos. A vida espiritual começa por não ceder. Consiste em questionar-se, em examinar-se e em esforçar-se por ser coerente com o passo atrás. Costuma assumir uma forma negativa: não se precipitar, não rotular, não procurar imediatamente explicar, não reduzir, não julgar incessantemente e, sobretudo, tentar não prejudicar. A exigente vigilância socrática sustenta que é melhor sofrer o mal do que fazê-lo. O «É mesmo?» perante o que domina é génese de vida espiritual e de vida política. Este programa negativo é a melhor maneira de regenerar o degenerado e de estar ao serviço de outra comunidade e de outra claridade.

5.

Violência e bondade. O paraíso é impossível; a vida ocorre na periferia, mas a violência também. Quantidades ingentes de violência, cujos cúmulos de vítimas e de sofrimento chegam até ao céu. Desde o primeiro dia que a violência, em todas as suas manifestações, assola ininterruptamente a vida da periferia. Já nos tempos contemporâneos, um tipo de organização política — Estado de direito e democracia — foi-se desenvolvendo em certas regiões do planeta, mas, mesmo aqui, o défice de justiça social é grande e escandaloso. Além disso, o panorama mundial é bastante desolador: a pobreza e a exploração não retrocedem, e às velhas modalidades vão sendo acrescentadas outras. Apenas o ser humano pode ser desumano, algo que não decorre do facto elemental de ocupar um lugar, mas, sobretudo, de que facilmente podemos querer ocupar mais, e que isso pode ofuscar-nos, e do facto de podermos pretender superar a insegurança essencial da situação com o domínio (e a depredação) das coisas e das pessoas. O domínio da injustiça e da indiferença é evidente. Daí que o combate pela justiça seja sempre a primeira das prioridades políticas. Mas existe a revelação de uma claridade mais originária que devemos esforçar-nos por não deixar de lado. Viemos ao mundo nus, e saímos dele como um despojo. No ínterim, o gesto mais humano de todos é o do amparo. Sim. O mais humano do humano reside em acolher o outro. Viemos nus ao mundo, e está frio, e acolhemo-nos uns aos outros. A comunidade *mais básica* é a do amparo. É a comunidade que cura, que nos cura. A violência da periferia, sendo originária, é já uma degeneração, porque mais originário ainda é o acolhimento. O egoísmo é forte e radical. Mas o acolhimento, a vigília e velar pelo outro são-no ainda mais. O «É mesmo?» está vinculado a uma «revelação» e a uma certeza: a de que, embora o mal seja muito radical, o bem é-o ainda mais; a de que *o mundo humano se sustenta pela bondade.*

6.

Deslocar meio palmo. Na periferia, qual pode ser, ou qual deve ser, o principal horizonte de ação política? Por um lado, sem dúvida, resistir perante a degeneração e regenerar o já degenerado. E, por outro lado, procurar o deslocamento de apenas meio palmo. Porque, uma vez mais, continua vigente a fórmula de que «pouco é quase tudo». A revolução depende de meio palmo. Mas é meio palmo em profundidade. Mudança intensiva mais que progressiva. Meio palmo de profundidade e tudo seria diferente. Esta ideia do meio palmo, formulo-a a partir da parábola sobre o reino messiânico que, depois de a ter ouvido de Scholem, Benjamin contou a Bloch; este recolheu-a no seu livro *Spuren* [*Vestígios*], e Agamben reprodu-la e comenta-a no seu livro sobre a comunidade:

> «Um rabino, um verdadeiro cabalista, disse certa vez: "Para instaurar o reino da paz não é necessário destruir tudo e dar início a um mundo completamente novo; basta empurrar só um bocadinho

este copo ou este arbusto ou aquela pedra, e assim com todas as coisas. Mas esse bocadinho é tão difícil de realizar e a sua medida é tão difícil de encontrar que, no que diz respeito ao mundo, os homens não o conseguem fazer, e, por isso, é necessária a vinda do Messias." Na formulação de Benjamin, esta parábola é assim: "entre os sábios conta-se uma história sobre o mundo que há de vir que diz: ali tudo será exatamente como aqui. Como agora é a nossa estância, assim será o mundo que há de vir. Onde agora dorme a nossa criança, ali dormirá também no outro mundo. E aquilo que pomos neste mundo levá-lo-emos também para lá. Tudo será como agora, só que um pouco diferente."» ([93])

Agamben considera que não se trata de um deslocamento do estado de coisas (isto é, que não se trata apenas de mover o copo que está em cima da mesa), mas que tem que ver com o sentido. Ainda assim, talvez seja melhor não excluir nada: por vezes, movimentos locais articulam-se com deslocamentos de sentido. Aquilo que ele sublinha muito oportunamente é que esta parábola introduz um «de outro modo» ali, onde tudo parece acabado para sempre.

Para respeitarmos a ideia de que o deslocamento é messiânico, ou seja, que não podemos percorrê-lo sozinhos, é oportuno referirmo-nos ao *meio* palmo, e deixarmos, assim, que quem quiser possa interpretar o outro meio em termos religiosos (em correlação com o coloquial: «Que Dios haga más que nosotros» ([94])). O primeiro meio é político, e é aquilo que agora nos interessa. Meio palmo, e poderíamos ter uma periferia sem violência, justa e fraterna. Haveria sofrimento e doenças, e acidentes, desacordos, mal-entendidos, tristeza, envelhecimento e morte. Mas não haveria nem ditadores nem exploradores, nem fanáticos fundamentalistas, nem capitalismo predatório, nem poder arbitrário, nem fome, nem pobreza, nem enfermidades sociais, nem guerras, nem destruição do planeta. Evitaríamos enormes quantidades de sofrimento e de vítimas de violência e de injustiça. Poucos centímetros seriam suficientes para prevenir o aparecimento dos piores genocidas

([93]) Giorgio Agamben, *La Comunidad que Viene* (tradução de José L. Villacañas e Claudio La Rocca), Valência, Pre-textos, 1996, p. 36.

([94]) Expressão coloquial que pode encontrar no português «Que Deus nos ajude» algum paralelismo. [*N. do T.*]

da história e a eclosão de muitas guerras: uma porta entreaberta, um amigo fiel, um caminho alternativo, uma palavra oportuna, um agradecimento, uma casa, um prato na mesa, um pequeno sacrifício, uma boa professora, um ofício, uma mensagem...

O meio palmo é um deslocamento que permite ver as coisas de outro modo. Adorno, no final de *Minima Moralia*([95]), diz que se trata de vê-las a partir da perspetiva da redenção. Vê-las de outro modo é já vivê-las de outra maneira e participar na mudança.

7.

Nós. A comunidade que vive diz «nós» literalmente. É como se a comunidade se sentisse de outra forma e as palavras para a expressar significassem de uma maneira mais apropriada. A comunidade é o nós, não pela homogeneidade ou pela semelhança, mas pela fraternidade e pela diferença. Não «nós, os iguais», mas «nós, os diferentes», que, contudo, formamos uma comunidade. *Nosotros*([96]), isto é, «nós e outros», eu e os outros. O nós é essencialmente constituído pela alteridade. Que o *nosotros* se tenha formado em contraste com o *vosotros*([97]) não desmente, mas sim reforça, o facto de que a alteridade lhe é essencial. E eis que o que o «nós» e o «vós» têm em comum são precisamente os outros. O «vós» e o «eles» estão já contidos no «nós». É preciso ter isto muito em conta para pôr em xeque qualquer reivindicação de um nós fechado e parcial diante de... Afortunadamente, se virmos bem, o nós não tem a alteridade pela frente, mas dentro: *nós* e *outros*.

Eu e os outros é precisamente o *entre* nós. Entre nós fazemos as coisas. O «entre» indica todas as formas de relação: todas as pontes e todas as passagens; todos os enlaces. Uma dessas relações é a da confiança: «entre nós», isto é, «em confiança». Uma das palavras mais usadas para falar do egoísmo, a palavra *interesse*, pode, inclusive, ser relida e direcionada diretamente para as

([95]) Theodor W. Adorno, *Minima Moralia* (tradução de Artur Morão), Lisboa, Edições 70, 2017. [*N. do T.*]

([96]) A expressão «nós outros» caiu em desuso na língua portuguesa, mas pode ser encontrada em vários textos antigos, como na «Carta sobre o Achamento do Brasil», de Pêro Vaz de Caminha. [*N. do T.*]

([97]) «Vós outros». Ver nota anterior. [*N. do T.*]

regiões fraternas da periferia. Com efeito, ao passo que o contratualismo moderno, com boas intenções, pretende compatibilizar os interesses individuais, a comunidade que vive lê o interesse de outro modo: *inter-esse* enquanto «ser entre», na mesma direção que *inter*pessoal ou *inter*subjetivo. Ser «entre»: vínculo, relação, ajuntamento. Assim, inesperadamente, o *interesse* torna-se sinónimo de comunidade. A comunidade como interesse ou o interesse como comunidade. *Inter-esse- nos*: entre nós.

8.

Substituição e hospitalidade. Podemos sentir-nos — ou sentimo-nos, sem alternativa — responsáveis pelos outros, vinculados aos demais. Um vínculo paradigmático é, sem dúvida, o da maternidade. Contudo, há outro tipo de situações, paradigmáticas noutro sentido, que se podem chamar «substituições». A filha ou o filho que, devido a uma doença grave ou à prematura morte da mãe ou do pai, assumem a ausência e fazem de mãe ou de pai dos irmãos pequenos. Irmãs que fazem de mães; filhos que fazem de pais; avós que fazem também de mães; professores que fazem de pais; amigos que fazem de irmãos; cooperantes que fazem de amigos, trabalhadores que fazem de cooperantes... A substituição é como um máximo de responsabilidade. Aqui, a generosidade consiste em admitir o vínculo, em não dar as costas, em responder. Todos estes aspetos podem ser observados, por exemplo, na *hospitalidade*, cujo sentido mais próprio é o de acolhimento dos mais fracos (idosos, doentes, pobres, exilados...), embora costume relacionar-se com o acolhimento daquele que vem de fora ou também com a lógica da visita (com o anfitrião que trata esplendidamente os hóspedes). Não esqueçamos a nossa condição: periferia, intempérie, deserto. A vulnerabilidade humana no deserto pede proteção. São as tendas. As casas que fazem de tendas. Na periferia, dependemos uns dos outros. E, circunstancialmente, alguns tornam-se ainda mais dependentes. Daí que a hospitalidade vá além da lógica da visita e da do bom anfitrião. Este é alguém que controla a situação, que está por cima e que a dispõe segundo a sua vontade. A hospitalidade essencial — ou incondicionada — é diferente da lógica da provisão. Não é por acaso que em muitos países pobres os hospitais estão completamente sobrelotados, tanto material como animicamente. Os doentes são acolhidos debaixo de alpendres e em tendas montadas nas imediações do edifício hospitalar principal: periferia da periferia. Na hospitalidade essencial, é difícil falar de anfitrião. Não há nenhum senhor da casa que decide a quem deve ou não abrir a porta. A hospitalidade essencial tem a lógica da fraternidade: reconhecimento do irmão e resposta.

9.

(Nota de outro caderno de que necessitamos para o que vem depois.)

Mercado. Exemplo do *genuíno* que degenerou. Para lá da comunidade de amparo surgem relações aparentemente prosaicas como as do *intercâmbio* e do *mercado.* Na precariedade da situação, intercambiamos os produtos do nosso trabalho: o leite das vacas em troca da cesta do cesteiro, lições de matemática por aulas de dança. Isto é prosaico apenas na aparência; na verdade, é pura poesia. Se alguém não se emociona pelo facto de existir mercado, quer dizer que não entende nem o que significa nem o verdadeiro alcance das suas degenerações. Mercado indica, em essência, isto: o valor de trabalhar com esmero durante a semana na elaboração de vários cestos de vime para, ao sábado, ir à praça e trocá-los por alimentos e por outras coisas necessárias que, supostamente, outros artífices elaboraram com a mesma diligência. Isso cria não só comunidade como também expressa a excelência do trabalho e a honestidade das pessoas. A troca emerge da comunidade e cria comunidade. As degenerações são conhecidas: fraude, usura, roubo, mercantilismo, exploração, alienação, especulação capitalista, consumismo infrene... Atualmente, a degeneração do mercado é tão poderosa que esconde quase completamente o pouco que ainda persiste de genuíno. Por isso, diante de tal panorama, restam poucas razões para celebrar e muitas para nos entristecermos. O mercantilismo não é uma comunidade que tem mercado, mas sim um sistema que transformou tudo em mercadorias de consumo, e em especulações em torno do nada, com o qual hipotecou o mundo e a vida. Repitamo-lo: não há que sentir nostalgia por um passado dourado, inexistente, mas por um hoje degenerado logo desde o começo.

10.

Agradecimento. Para lá do mercado. A comunidade que vive é uma comunidade de pessoas agradecidas. O agradecimento é uma dádiva sobre uma dádiva; uma generosidade que é resposta a outra generosidade. Dão-se não apenas «coisas» mas também gestos, palavras, olhares. Ainda que se dê algo material, a doação não tem preço, porquanto é mais relevante o ato de dar do que aquilo que se dá. Dá-se para amparar e cuidar, para fazer feliz o destinatário, para ajudar quem precisa... Pode-se dar acolhimento e recursos para viver, como também alegria, orientação, confiança, paz, vida... Então, muitas vezes, quem se sente recetor de alguma dessas doações também dá. E dá sob a forma de agradecimento. Não se trata de um intercâmbio. A dádiva era gratuita, e o agradecimento também o é. Poderia não ocorrer nem a dádiva nem o agradecimento, e ninguém teria nada para denunciar nem levaria tal carência perante nenhum juiz. O agradecimento constitui uma exceção à lógica da troca e do mercado (à lógica do *quid pro quo*: uma coisa por outra). Não se trata de comércio; não há regra. Há uma primeira dádiva, e uma dádiva que vem depois. Ambos são princípio; são iniciativa; são oferenda; são geração e generosidade. Nalgumas ocasiões, o primeiro ato de dar foi tão discreto que é o subsequente agradecimento que o torna manifesto. O «prazer» de dar não é nenhuma objeção consistente. Na periferia, nunca devemos pretender esbarrar com a pureza absoluta. Não encontrar a doação pura ou o agradecimento puro não prova nada. Paradoxalmente, levar algo ao extremo pode significar o seu desaparecimento, ou mesmo o aparecimento do seu oposto. A doação absoluta, sem um mínimo de posição, levaria, por exaustão, à própria aniquilação. Além ou aquém da pureza, há atos de genuína generosidade e atos de genuíno agradecimento que, na melhor das hipóteses, se levam a cabo «com graça». Porque a maneira como se fazem as coisas não é um mero envoltório. Há que ter a graça de dar e a graça de agradecer. A graça há de bendizer a ambos: a quem dá e a quem recebe. As Três Graças eram divindades menores do cortejo de Afrodite, e Goethe, no seu *Fausto*, celebra-as e canta-as por causa do tema com que nos ocupamos. Fala da graça de dar, da graça de receber e da graça de agradecer; de dar com graça, de receber com graça e de agradecer também com graça.

11.

Agradecimento (bis). A interpretação técnica do «princípio da razão» aplicado à sociedade poderia traduzir-se como a execução da força e do poder, ou seja, como a *execução das possibilidades no sentido extensivo.* Se posso comprar uma ilha, compro-a. Se posso viver às custas dos outros, faço-o. Se posso ganhar uma guerra, declaro-a. Se puder açambarcar «tudo», açambarco. Ajudar ou dar seria, então, uma exceção a esse movimento, porque ambas as ações não visam lograr mais para si mesmo, mas sim conseguir que o outro seja mais. Ajudar o doente a curar-se, o vizinho a arranjar o telhado, o discípulo a saber mais...: exceções à extensão, em cujo desenvolvimento talvez o eu que dá ganhe alguma coisa, mas não no sentido da extensão nem do domínio. Essa exceção da força é outra força completamente diferente da primeira. A força da bondade e a força da generosidade são exceções à força da força. Não a dádiva como forma de posse, de expansão ou de compra, mas a dádiva como verdadeira generosidade: dar retirando-se. Quem assim dá, reconhece o outro no outro, e é capaz de deixar-lhe espaço, retirando-se. Essa excecionalidade da dádiva facilita o autêntico agradecimento, que é reconhecimento da bondade do doador. Isto é muito oportunamente sublinhado pelo olhar atento de Simone Weil. ([98]) Astro rutilante, porquanto nos salva aqui das sombras projetadas pela suspeita nietzschiana que pretende descobrir debilidade e submissão. De acordo com Weil, é absolutamente imprescindível que quem recebe não veja o doador como poderoso, mas como uma pessoa boa; não como alguém que, a partir da sua superioridade, oferece esmola, mas como *alguém que dá ao irmão.* Obviamente que isso não pode ser apenas uma apreciação relativa. Exige algo no doador. Requer algo em todos. O quê? Bom, a consciência franciscana da *menoridade.* Essa menoridade é a vacina definitiva contra todo o tipo de submissão, de altivez e de rebaixamento «condescendente». Sem altura não pode haver nem diminuição nem descida, nem tão-pouco olhar de baixo para cima. Estamos todos *aqui.*

Weil propõe também a identificação entre bondade, justiça e generosidade. Amar o outro, ser justo com o outro e ser

---

([98]) Simone Weil, *A la Espera de Dios* (tradução de María Tabuyo e Agustín López), Madrid, Trotta, 1993, pp. 90 e ss.

bom para o outro são equivalentes — a política social seria o prolongamento coletivo desse gesto. É a *ausência de superioridade* aquilo que permite agradecer sem nenhum tipo de servilismo ou de submissão. Quem agradece, vê no outro uma virtude, que poderíamos chamar, quase indistintamente, justiça, bondade ou generosidade. Por sua vez, o agradecimento é também um ato de justiça, de bondade e de generosidade. Quem agradece, expressa a mesma virtude excecional. Estamos todos na mesma margem. Partilhamos a mesma *condição* de periferia: intempérie e vulnerabilidade (o médico será paciente; o forte, fraco; o jovem, velho; o alegre, triste...). Mas, em certos momentos, um pode ajudar o outro. E o outro ficar agradecido. Isto, que se manifesta de forma tão estimável, explica a pena e o desencanto que, regra geral, provocam as situações de ingratidão. O ingrato — e o insensível, e o indiferente — é como o insensato: não se dá conta daquilo que se passa; a sua capacidade de sentir está atrofiada. Pouco vive a vida. Por isso, ser ingrato é mau. Denota incapacidade para gerar e falta de vitalidade. O ingrato é egoísta por definição, e, ao invés de criar comunidade, mina-a.

«O que é que se diz?», e a menina ou o menino responde: «Obrigado.» Que o automatismo seja gradualmente substituído pela cordialidade e emergirá a comunidade que vive, que cura e que *regenera*. A comunidade regeneradora é a do génesis autêntico. A comunidade que vive é formada por pessoas agradecidas. Todos são doadores e recetores agradecidos. A gratidão acaba por ser geradora da calidez ambiental, algo que corrige e equilibra mesmo o peso do mérito e do reconhecimento que se espera obter. A gratidão suaviza as relações, enfraquece as tensões e as expectativas do dever. Promove os gestos da amabilidade e, por último, dá sentido à esperança. Porque não há esperança sem sentido de comunidade. A comunidade cura com a *esperança* que, misteriosamente, ela mesma é. Entrevemos algo: no fundo do fundo, o conteúdo da esperança tem que ver com o que une as pessoas. O mistério é o mistério da relação, da comunidade. Por vezes, imagino uma altamente improvável conversa com um anjo ou com alguém vindo do além. Se, inesperadamente, isso acontecesse, e em algum momento me questionasse sobre como é a convivência humana, nada melhor do que responder com os versos de René Char: «Na minha terra sabemos agradecer.»

12.

Generosidades. De acordo com o lugar-comum, a filosofia não serve para nada. Seria um excedente, algo gratuito. De nada, ou de muito pouco, serviria para manipular as coisas, ou para obter poder e dinheiro. Com efeito, ainda que nela caibam transações em forma de livros ou de lições na academia ou na universidade, o essencial da filosofia — do pensar — é de outra ordem. Mas fixemo-nos na figura concreta do filósofo — que todos somos, ou podemos ser. Sócrates explica o que sabe a todos aqueles que o queiram ouvir. Contudo, a caminho dos tribunais, encontra Eutífron, que é uma espécie de sacerdote portador de uma aura que ele mesmo contribuiu para criar. São muito elucidativas as palavras que Sócrates lhe dirige:

> «Talvez dês a impressão de te esconderes um pouco e não quereres ensinar a tua própria sabedoria. Pelo contrário, receio que, por causa do meu interesse pelos homens, dê aos atenienses a impressão de que o que tenho para dizer digo-o, profusamente, a todos os homens, não apenas não sendo remunerado, mas mesmo pagando eu próprio se alguém tiver gosto em me ouvir.» ([99])

Enquanto Eutífron é um tipo estranho que se arma em difícil e que passa o tempo a vangloriar-se, Sócrates é desprendido e generoso. O filósofo oferece aos outros o que sabe: se não fosse generoso, não seria filósofo.

Há um tipo de geração natural e espontânea como a do Sol. Gera luz e calor para todos. E nós aproveitamos. Mas gera também cúmulos de energia que ninguém utilizará e que se perderão. Energia mal aproveitada, diz-se em tempo de penúria. Energia que não é utilizada. Se olhássemos para a vida unicamente em função do paradigma do útil, então a energia ou os esforços que não «servem» para nada seriam mal aproveitados. A vida seria entendida exclusivamente como expansão, como ocupação de mais espaço e acumulação de mais poder e de mais possibilidades.

([99]) Platão, *Diálogos*: *Eutifrón*, Volume II, 3 d (tradução de J. Calonge, E. Lledó e C. García Gual), Madrid, Gredos, 2002, pp. 220–221.

É óbvio que não há nada que «sirva» mais do que ajudar. No entanto, a generosidade humana extravasa os registos do útil e do inútil. O sacrifício por alguém que, apesar da ajuda, não terá a sua vida salva parece um sacrifício inútil, mas tem todo o sentido do mundo, porque muitas vezes a bondade não pode ser medida pela sua utilidade, mas por aquilo que vai além do útil e das coisas; como a ação de uma enfermeira que, todos os dias, falava discretamente com o jovem que se encontrava em coma enquanto, delicadamente, o penteava.

A generosidade diversifica as suas formas e cria uma constelação de elementos. Há um tipo de generosidade que parece renúncia e recuo. E algum bem faz aos demais. Não é a generosidade do fornecedor superabundante, mas a generosidade da cessão, que só superficialmente parece inútil. Talvez seja a mais elevada de todas as utilidades. Há uma generosidade que dá. Há uma generosidade que agradece. Há uma generosidade «inútil» que renuncia...

13.

Juventude política e fraternidade viva. Aqui, na periferia, há sempre muito trabalho a fazer. «Juventude» e «ajudar» têm a mesma raiz. Propriamente falando, jovens são os que ajudam a sustentar a comunidade. É precisamente por isso que não se deve fazer coincidir a juventude com um período da vida. Quem ajuda, faz política e é jovem. Não deveria haver outra política da juventude senão esta. A juventude política é anárquica no sentido de que não suscita a abstração, mas o concreto, e o pouco abstrato que propõe enraíza-o bem na base. Sabe que a vida e a comunidade fazem sentido e que valem a pena. E sabe que todas as grandes palavras adquirem significação unicamente a partir do sentido da vida em comunidade, e não o inverso. É como se a juventude política compartilhasse o queixume expresso por Joan Maragall há mais de um século: «Não se trata aqui de filantropia, nem de humanitarismo, nem de todas essas bagatelas automáticas [...]; trata-se de amar; e só aquilo que é vivo se pode amar ao vivo, e só amar ao vivo é amar.» ([100])

([100]) Joan Maragall, «Elogio del Vivir», em *Obres Completes*, Barcelona, Selecta, 1947, p. 841.

A anarquia dos que amam os seus irmãos é a base essencial e inevitável de toda a comunidade digna das grandes palavras políticas. A anarquia da generosidade é a base da ordem. Os que amam os seus irmãos são os que deram o passo atrás em relação à evidência daquilo que domina. São os que, como diz Jan Patočka, vivem comprometidos com algo que está acima das ideias de progresso, de socialismo, de democracia... São os que vitalmente compreenderam que essas palavras só fazem sentido a partir desse compromisso.

14.

Começar. Iniciar juntos. Conviver não é vivermos uns ao lado dos outros, mas dar vida uns aos outros. A comunidade que vive começa e, em certo sentido, não acaba.

IX

O penúltimo pensamento e o ser capaz de vida

Pensar é gerar enquanto se espera. O pensamento, que é uma forma de desejo, abre as suas mãos de mendicante e aguarda a chegada de alguma pequena migalha metafísica. Afortunadamente, esta espera vigilante é fecunda, porquanto gera conceitos, palavras e ações, curadores, vivificadores e profundos. Gerar enquanto se espera: espera criadora, espera poética, espera fraterna; generosidade própria do entretanto e da periferia.

Penultimidade

Pode-se colocar a última pedra de uma catedral, ou ceifar a última espiga de um campo de trigo. Mas como é que se poderia realizar o último e definitivo ato de pensamento de tal forma que nenhum outro fosse possível? O pensar não é da ordem da ultimidade, razão pela qual todo o pensamento é penúltimo. O pensar é da ordem da vida; é expressão eminente da vida vivendo-se. Viver e pensar conjugam-se juntos.

Há processos em cujo seio já está inscrita a finalização ou o *telos* que implicará o seu cumprimento. Não é isso que acontece com a vida que se vive. Sabemos do final inevitável, mas este saber não coincide com o facto de viver. O sentir-se vivendo não concebe nenhum fim que possa completá-lo. É óbvio que o ser humano é finito e que morre, mas o seu sentir-se vivendo é experiência que não indica nem alcança nenhuma completude. Assim, o não-finito atravessa este mundo em forma de vida vivida. Embora o sentir do sentir possa ser debilitado ao limite — pela doença ou pela velhice —, ou mesmo amputado para sempre — com a morte —, o que se obscurece ou fica interrompido não termina, se por terminar entendermos alcançar um marco onde, colocada a última peça do *puzzle*, cabe deixar de ser.

O tempo niilizador e a morte encarregam-se de que tudo passe. Daí decorre que, se tomarmos unicamente este sentido restrito de tempo, Simone Weil tenha de novo razão quando observa que *apenas tempo* seria o inferno. Inferno porque tudo seria finalmente nada; porque, de alguma forma, tudo seria já atualmente nada. E, nesse nada, a vida — o sentir-se viver — sufocaria. Mas seria o inferno sobretudo em relação às biografias de sofrimento e de injustiça. A interrupção do que sentimos duplamente inacabado é ainda mais comovente. Com apenas tempo, a perspetiva da redenção de que fala Adorno não passaria de um esteticismo anódino. A perspetiva da redenção não é nenhum acréscimo lógico, mas sim a essência da vida que, na sua afeção infinita, combate a ignomínia. Precisamente aqui, Benjamin, em diálogo com Adorno, sustenta que a rememoração (*Eingedenken*) pode fazer do concluso (a dor) algo inconcluso.([101]) Note-se que a re-memoração é uma posição do pensar (*denken*); do pensar que encara o tempo contínuo que deixa tudo definitivamente passado; do pensar que, como diria também Benjamin, é movido por uma «débil força messiânica».

O pensamento rebela-se contra o periclitante, contra a fatalidade, contra o absolutamente concluído e contra o destino. O pensamento (a paixão da vida), subleva-se contra a mítica do mesmo ou, na feliz expressão de Hans Blumenberg, contra o «absolutismo da realidade». Que tudo esteja já decidido e passado equivale a que tudo seja o mesmo. O pensamento introduz a alteridade, ou a alteridade entra através do pensamento. Se essa mítica — não toda a mítica — comporta petrificação, o pensamento, pelo contrário, comporta alteridade. O inferno é da mítica do mesmo. O pensamento racha o inferno. A mítica do mesmo é a continuidade do tempo que passa inexoravelmente por cima

---

([101]) Benjamin, *Libro de los Pasajes* (n 8, 1), *op. cit.*, pp. 473–474.

dos vivos e dos mortos. O pensamento conecta com a maravilha do nascimento e do encontrar-se vindo à vida — do encontrar-se tendo nascido. A mítica do mesmo conecta com a lei da morte.

A afirmação nietzschiana do eterno retorno, selada por «e assim o quis», é um esforço titânico para elevar a mítica do mesmo à categoria do pensar. Em contrapartida, há quem esteja na outra trincheira e não tenha nenhuma intenção de ceder. Pessoas dispostas a resistir até ao limite à ameaça do mesmo. Solidariedade dos comovidos, que não permitem que a porta se feche nem deixam que a ultimidade ou o destino mítico ganhem a partida, e que se mantêm fiéis, não a nenhuma tese idealista nem a nenhum credo arbitrário, mas à essência da vida. Se bem que não seja possível negar a lei da morte, cabe-nos permanecermos fiéis ao inexplicável facto de nos encontrarmos vindos à vida e de sentirmos a sua penultimidade.

Contra toda a lógica, o pensar pode ir ao passado para o tornar imperfeito, isto é, pendente. O conhecimento historiográfico, em particular, e o das demais ciências, em geral, qualificam-no de afã poético ou religioso. Mas a paixão do pensar não se ressente nem um pouco com tal desaire, e mesmo aí encontra um motivo para gerar ainda mais coragem. A vida e o pensar resistem à tirania do tempo homogéneo.

Poder-se-ia objetar que aqui há planos que se confundem, e que uma coisa é a experiência — a afeção — da vida vivendo-se, e outra coisa é a exigência de sentido sobre as vidas truncadas pelo sofrimento e pela injustiça. Mas, na realidade, o protesto enérgico e a exigência de sentido são-no precisamente sobre todas as *vidas* estragadas. Tal como demonstra o benjaminiano anjo da história, o nosso pensar — a nossa vida — faz-se solidário com todas as vidas pessoais, que quer resgatar da tirania do mesmo. Há vínculo e cumplicidade entre o sentir a penultimidade da vida vivida e o protesto por toda a vida singular prematuramente amputada pela violência ou pela doença, ou sufocada do princípio ao fim pelo peso da dor.

O pensar, que é vida, faz-se solidário com todas as vidas. Com todas as vidas que, vividas na sua força e na sua viveza, significam o «para sempre» de haver vindo à vida, impossível de ser apagado. Dito de outro modo: o pensar faz-se solidário porque é um verdadeiro infinitivo da vida. O pensar faz-se solidário porque é solidário.

Todos os números vibram menos o último. Mas o último não existe. Todos os pensamentos são penúltimos. O penúltimo pensamento nunca termina. Na ordem da vida sentida, tudo é penúltimo. O mistério da vida não está na ultimidade da morte, mas na penultimidade da própria vida vivendo-se e pensando-se. Talvez a única coisa que se possa vislumbrar do mistério da vida é que ela é o mistério da vida e não da morte; que é a lei da morte que faz parte do mistério da vida e não o contrário. Que a morte chega sempre para selar a vida; mas que chega apenas porque há vida. A morte depende da vida, mas a vida não depende necessariamente da morte.

Prolongamento do sentir e leitura do mundo

Para ruminar este *penúltimo* ponto, convém retroceder um pouco e recuperar algum fôlego. O pensamento é gerado pela vida; é um prolongamento do sentir, ou a sua principal paixão. Uma paixão na qual já nos encontramos mas que é possível intensificar. Já pensamos e podemos *querer* pensar. O pensamento é *reflexividade voluntária*, a partir da reflexividade involuntária do sentir; reflexividade voluntária que requer a interrupção de certos afazeres ou atividades, e um fazer-se a isso ou um intencional deixar-se levar.

O sentir-se sentindo é o berço do pensar. Há já claridade em qualquer das coisas que fazemos, seja em pegar no pêssego que está na cesta ou em regar a flor que se encontra no vaso. Pensar é *cogitare*, isto é, *co-agire*: há pensamento na própria ação, por mais simples que ela seja. A plissagem do sentir opera no *querer* fazer algo; *intentar* é pensar. O pensamento emerge do darmo-nos conta de que ele acompanha a nossa abertura ao mundo e a toda a ação. *Vemos* e *lemos* o mundo, e nele atuamos eficazmente. Sentir o mundo é já advertir a sua inteligibilidade. A nossa abertura ao mundo é uma forma de começarmos a decifrá-lo, ou seja, uma forma de separar e juntar os elementos. Ao facto de sentirmos a inteligibilidade — a legibilidade — do mundo chamamos-lhe «inteligência» — *inter-legere*. E, sobre algo tão radical, o melhor seria, diga-se de passagem, não projetar nem classificações nem etiquetas. Inteligência como capacidade para separar e para reunir, analisar e sintetizar. É a mesma capacidade que se expressa como *logos*, reunião. *Ratio* e *intellectus* têm sido as duas palavras mais utilizadas para nos referirmos a essa capacidade. E são duas palavras, e não uma, porque já na filosofia grega se diferenciavam duas dinâmicas interdependentes: discorrer-argumentar-ler e ver-intuir-descobrir-dar-se conta. São duas dinâmicas que precisam uma da outra — há circularidade: fricção dos elementos e faísca; esforço para reunir e momento intuitivo da compreensão; diacronia da deliberação e sincronia da intuição.

A leitura da realidade surge da *situação*; da vida concreta e singular, factual, que se sente e que precisa de caminho. Lemos a realidade para discernir e melhor nos orientar. Lemos desde o fundo das coisas — a essência — até à epiderme, igualmente essencial — um olhar, um gesto. Toda a leitura provém da nossa abertura afetiva ao mundo. Que numa das suas modalidades se possa chegar a desdobrar como leitura «objetiva» não anula, de forma alguma, o carácter da abertura basal e originária. É precisamente aqui que nos deparamos com uma bifurcação decisiva que há que assinalar bem.

Conhecer e pensar

Bifurcação em dois movimentos, que podemos englobar sob a epígrafe genérica de «pensar» e dizer que o primeiro é um «pensar extensivo» e o segundo um «pensar intensivo», ou então, podemos dar dois nomes diferentes e chamar diretamente «conhecer» ao primeiro e «pensar» ao segundo. Opto agora por esta segunda fórmula, à semelhança de Heidegger quando escreve uma frase apenas aparentemente pejorativa para a ciência (conhecimento): «A ciência não pensa.» ([102]) Com efeito, Heidegger nem critica a ciência nem a despreza, limitando-se a sublinhar uma distinção. A ciência seria da ordem do conhecer, isto é, da objetividade e da representação. Não assim o pensar, que seria da ordem do assinalar e do aproximar-se. O pensar é como uma vigília, ou mais um aprofundar do que um avançar. Se o conhecer tem que ver com aquilo que temos à nossa frente — objetivar —,

---

([102]) Martin Heidegger, «¿Qué Quiere Decir Pensar?», em *Conferencias y Artículos* (tradução de Eustaquio Barjau), Barcelona, Serbal, 1994, p. 117.

definir e representar, o pensar aspira a ir além da presença e da representação.

O conhecer — que atualmente se expressa sobretudo como conhecimento científico — tem, pelo contrário, uma estrutura linear e progressiva. As teorias científicas aspiram a descrever a estrutura ou o funcionamento das «coisas» (da célula, da sociedade, do cosmos...). Hoje, mais do que nunca, o conhecimento da realidade tem um carácter técnico: conhecimento e domínio estão intimamente ligados, daí a pertinência de denominações como «tecnociência». Por outro lado, do pensar teríamos manifestações na reflexão, na crítica — o exame de nós mesmos e das nossas pretensões — ou na procura do sentido da vida. Aqui, mais do que extensão e progresso, há intensidade e aprofundamento. Mas pertencemos a uma época em que a hegemonia do conhecimento encurrala a experiência do pensar. Ou, para ser mais preciso, em que a experiência do pensar está a ser substituída, quase em todo o lado, ou pela divulgação mal digerida de conhecimentos científicos ou pela digestão de pseudoconhecimentos científicos. Aquilo que, em vez de uma contraposição, poderia ser uma tensão rica e estimulante — entre conhecer e pensar — está a converter-se no terreno indiferenciado e cinzento de um domínio.

O conhecer funda-se na tese da objetividade, que consiste em pressupor que, de algum modo, tudo é suscetível de ser posto diante de nós e de ser descrito tal como é. O pensar, em contrapartida, procura o sentido das coisas, na sua relação essencial com o «sentido da vida». Por um lado, conhecer a realidade; por outro, pensar o sentido. A questão do sentido da existência humana não é redutível à questão de como são algumas das estruturas do mundo. O sentido é sempre relativo à forma de ser do humano, ao sentirmo-nos viver. Pensar é pensar a significação das coisas na vida — no sentido da vida. De modo que o sentido não é a descrição de como é a estrutura «real» da coisa: o sentido dos alimentos não radica na sua composição química, mas sim no facto de ser conteúdo e gozo da vida; o sentido da casa não está na sua estrutura material, mas sim no facto de ser amparo físico e existencial; o sentido das nuvens não procede de ser a evaporação da água, mas de algo relativo ao devaneio e à poesia; o sentido da camaradagem não lhe dará a descoberta de nenhuma estrutura neurológica, mas antes a experiência íntima de viver compartilhando a solidão... Devido a esta relação do sentido com a vida, pensar é, no fundo, uma *concentração*, isto é, um esforço para nos dirigirmos e tentarmos tocar um só ponto:

> «Um filósofo digno desse nome nunca disse senão uma coisa; e tentou mais dizê-la do que verdadeiramente a disse. E não disse senão uma coisa porque não viu mais do que um ponto, que foi também menos uma visão do que um contacto.» ([103])

O pensar seria o esforço reiterado e infatigável para reconduzir «as coisas da vida» a uma direção essencial da qual notamos que provém uma espécie de confirmação silenciosa. Por isso o pensamento é uma aproximação inacabável e uma tentativa de dizê-la.

Pensar é, pois, uma atividade que tem que ver com o sentido; com a significação que as coisas têm no seio da nossa vida. O sentido, diferentemente da estrutura ou da «objetividade» das coisas, nunca se deixa representar ou definir totalmente. Não podemos dizer: «e isso é tudo». Do sentido acercamo-nos paulatinamente. Podemos dar a seguinte definição: a molécula de água é formada por dois átomos de hidrogénio e um de oxigénio. Mas não podemos definir a inveja, o tempo ou a arte da mesma maneira. O pensar tende, pois, a ir além da representação e da definição conclusiva. Isso, por vezes, exige forçar a lógica. Embora pensar signifique pensar «logicamente», também se exige que, para pensar, se vá com lógica além da lógica. Dizer, por exemplo, que «se quer pensar o impensável» não é algo desprovido de significado, ainda que, aparentemente, a frase seja contraditória.

Em parte, a «lógica» do pensar tem que ver com a ação de assinalar, de sugerir ou de alcançar uma certa vizinhança. Por vezes, é necessário exceder a lógica e o significado habitual das palavras. A linguagem tem mais força se não for separada dos silêncios, dos sentimentos e dos compromissos. Pode acontecer, por exemplo, que através da experiência da responsabilidade consigamos ver certas coisas: «a ética é uma ótica», sustenta Lévinas. É óbvio que, aqui, «ética» não indica nenhuma disciplina nem qualquer conteúdo, mas uma experiência moral. Em resumo: pensar é uma paixão. Por isso, no final, só uma alma comovida é capaz de verdade.

([103]) Henri Bergson, *Introducción a la Metafísica y la Intuición Filosófica* (tradução de M. Héctor Alberti), Buenos Aires, Leviatán, 2011, p. 73.

O pensar que concebe

Este pensar além da representação que adquire a forma do acercar-se nada tem que ver com o facto de apropriar-se ou de invadir. Em caso de colonização, nenhum acercamento é possível. O afã de domínio é incompatível com a visita «educada». O pensar ou procede com tato e respeito ou não vai a lado nenhum, e, literalmente, permanece no mesmo.

Não é por acaso que dispomos de uma emblemática e bela palavra muito afim ao cuidado e ao acercar-se: é a palavra *conceber*, que indica a ação de receber o bebé depois de ele ter sido gestado e esperado. No entanto, é verdade que também há quem tenha querido relacionar o pensamento com uma atitude mais poderosa, o que pode ser reforçado, por exemplo, indicando que o termo alemão para «conceito» é *Begriff*, cujo significado vem de «agarrar». Nesse sentido, lembro-me de ter lido há muitos anos um livro sobre Hegel com um título muito bem conseguido: A *Paciência do Conceito*, de Gérard Lebrun. Contrariamente àquilo que, de antemão, o título poderia sugerir, trata-se de uma incisiva explicação de como procede o pensamento especulativo hegeliano, em que o conceito nem espera pacientemente, nem pacientemente se acerca, mas antes pacientemente transforma e engole tudo. Pois bem, esta última coisa é justamente o contrário daquilo que aqui pretendo sublinhar e assumir, com uma atitude «mais mediterrânica», em sintonia com o conceber latino e com a paciência da mãe que espera e acolhe o filho que vem; o filho que, ainda que tenha sido *concebido* pela mãe, é autenticamente *outro*, e que não convida à apropriação mas ao recebimento e à aproximação. Depois do parto, a mãe toma o bebé nos seus braços, para o proteger e embalar. Acalentar e acariciar: isso é metafísica. Braços, mãos e dedos mendicantes que recebem e sentem o que verdadeiramente é. A delicadeza é conatural ao tato, e mais ainda ao tato que envolve a conceção. Pensar enquanto conceber, e conceber enquanto esperar e acolher.

O pensar e o amar

Ora, não é acolher uma forma de amar? E, assim sendo, não temos nós no amar uma forma de nos orientarmos em direção ao pensar? Mais: e se o pensar mais genuíno for uma forma de amar? Então, podemos mesmo ser levados a beber de novo da fonte primordial, ali, onde a água da vida é ao mesmo tempo *logos* e *ágape*.

Também Heidegger destaca a afinidade entre amar e pensar no já citado «¿Qué Quiere Decir Pensar?». Nesse livro, Heidegger recorda o belíssimo poema de Hölderlin intitulado «Sócrates e Alcibíades». À pergunta de como era possível que estivesse tão apaixonado por Alcibíades, Sócrates teria respondido: «Quem pensa o mais profundo, ama o que há de mais vivo» (*Wer das Tiefste gedacht, liebt das Lebendigste*). Com a sua indiscutível acuidade, Heidegger observa que a força do verso está nos dois verbos e na sua contiguidade: pensar e amar. Mas, como era previsível, tal observação insere-se no esquema recorrentemente utilizado pelo filósofo, segundo o qual, para ir ao encontro da verdade, há que deixar para trás tanto o sujeito como a coisa tematizada na sua suposta identidade. Desse modo, seria possível chegar a um aparecer mais originário em cujo centro está também aquilo que se vela e onde o mais importante é o verbo, o movimento.

Por enquanto, podemos seguir disciplinadamente a trilha heideggeriana. O verbo *pensar* leva a um contexto pré-predicativo de tensão, de espera, de abertura e de exploração; a uma camada próxima do que mais acalenta, similar ao núcleo incandescente da Terra. E o verbo *amar*? Bem, quase o mesmo: sentimos que o amar leva também ao coração da vida, que é de onde vem.

Mas acompanhamos Heidegger apenas até este ponto porque, depois, o seu modo de proceder é demasiado parcial. Precisamente no que diz respeito a *estes* verbos, é necessário destacar o *quem* — o sujeito do verbo. O quem que é a pessoa que sente, ama e pensa. E que ama outra pessoa. É óbvio que devemos evitar abordagens substancialistas e estáticas, mas aqui a força do verbo não pode ser separada do mistério da vida, que é o mistério do *quem* que vive a vida. Recordemos a lição franciscana: a dramática da vida é a dramática das criaturas. A criatura que pensa profundamente, que olha com perspicácia o mundo, ama o que há de mais vivo. E o que há de mais vivo expressa-se no rosto das outras pessoas. Não há pensamento ou amor geral ou impessoal: é sempre *alguém* quem se sente vivo, é sempre alguém quem pensa, é sempre alguém quem ama. E, além disso, neste último caso, são sobretudo — embora não só — as outras pessoas as destinatárias do amor.

Emparelhar pensamento e amor afasta-nos da conceção idealista do pensar e mostra-nos que nunca se trata de uma ação impessoal. Ou seja, afasta-nos do perigo da abstração e permite-nos regressar ao concreto; ao concreto, isto é, ao que verdadeiramente *cresce.* O filósofo salva-se quando o seu pensamento não substitui nem as coisas nem as pessoas. O quem, que ama, revela ao quem que pensa. *O amor, que é amor pessoal, ilumina o pensar, que é também pensar pessoal.* Nem a Natureza, nem o Espírito Absoluto, nem a História, nem a Sociedade... pensam. Pode-se pensar a totalidade, mas não há pensamento da totalidade no caso genitivo. Um *quem* humilde que, no entanto, tem um olhar independente e uma palavra independente, é o quem que pensa.

Este quem, que pensa o mais profundo, ama o que há de mais vivo. O quem, que é aquele que sente, que sente a vida, intensifica o seu sentir pelo facto de pensar e pelo facto de amar. Sente-se ainda mais a vida graças ao amor pelo outro — e do outro!

Esta intensificação do sentir, produzida pelo amor, é tão especial que conduz a um *sublime empate,* prodigiosamente expresso nos inspirados versos do Cântico dos Cânticos: «Porque o amor é forte como a morte, / a paixão, inflexível como o sepulcro». ([104])

É possível amar sem medida. Na verdade, o amor autêntico não tem medida, e o extremo a que pode chegar torna verosímil o empate. A expressão coloquial «morrer de amor» não é apenas alegórica. Indica um limite extraordinário. E aqui há quem tenha uma vantagem; apenas uma vantagem, mas, ainda assim, significativa. Isso é magistralmente comentado por Franz Rosenzweig: «Uma jovem mulher pode estar madura para a eternidade da mesma forma que um homem só o está quando Thánatos transpõe o limiar da sua porta.» ([105]) Poder morrer de amor é o que faz com que o amor seja tão forte como a morte. Tal como diz Camus numa das suas curtas narrativas («Jonas, ou o Artista em Ação»), um pouco de amor é algo enorme. Se um pouco é enorme, o que será muito? Portanto, a morte virá, mas o amor é tão forte como ela. A morte é fortíssima. Mas eis que, de alguma forma, o amor é igualmente forte. A garantia e a recordação desse sublime

---

([104]) Cantar de los Cantares 8, 6.

([105]) Franz Rosenzweig, *La Estrella de la Redención* (tradução de Miguel García-Baró), Salamanca, Sígueme, 1977, p. 201.

empate fazem ecoar, em jeito de jaculatória, que «o amor é tão forte como a morte».

O que há de *mais vivo* é o amor pelos outros e dos outros. O que há de mais vivo é o amor, não um amor difuso, mas um amor pessoal. Estimamos o outro. Damo-nos ao outro. O verbo tem sentido porque o destinatário é concreto. Aquilo que faz com que se sinta ainda mais a vida, aquilo que faz com que a vida se intensifique, é aquilo que faz com que a vida seja tão forte como a morte.

E eis aqui o maior paradoxo: a vida, o pensamento e o amor, por um lado, conjugam-se com a morte — sem a qual não seriam o que são, nem teriam o valor tão grande que têm — e, por outro lado, chocam com ela e fazem-lhe frente. Mantêm-se firmes ante a morte. E pese embora a luta seja materialmente vencida pela morte, não é claro que seja uma vitória em todos os sentidos. E é por causa dessa incerteza que podemos referir-nos a esse sublime empate. E qualquer que seja o desenlace, a lição que se tira da vizinhança entre pensar e amar é clara: *quem pensa, ama e, por isso, vive.*

O amor e o pensamento são vibrações da vida, intensificações da vida, paixões da vida, infinitivos da vida — *os infinitivos* da vida. O amor é vida, e pensar é vida. Um pensamento que não intensifique a vida não é pensamento. Regressamos assim ao ponto de partida: o pensamento é o prolongamento da vida. Falando do sentir, citávamos, então, Aristóteles, Descartes, Ortega e Henry. Falando do pensar, podemos agora acrescentar aliados tão diferentes como Arendt, Unamuno ou Deleuze. Arendt diz que «a única metáfora possível que se pode conceber para a vida do espírito é a sensação de estar vivo» ([106]). Não apenas metáfora. É ela mesma quem continua:

> «O pensamento acompanha a vida e é, ele mesmo, a quinta-essência desmaterializada do ser vivo; e uma vez que a vida é um processo, a sua quinta-essência pode apenas residir no processo do pensamento real e não em algum resultado tangível ou num pensamento concreto. Uma vida sem pensamento é possível, mas

(106) Hannah Arendt, *La Vida del Espíritu* (tradução de Fina Birulés e Carmen Corral), Barcelona, Paidós, 2002, p. 146.

não logra desenvolver a sua essência; não só carece de sentido, como, além disso, não é plenamente viva. Os homens que não pensam são como sonâmbulos.» ([107])

Por ser a atividade mais elevada e prazerosa, é a mais «divina». Quem pensa vive mais; vive mais do que tudo o mais. Pensar é como viver duas vezes, não pela longevidade mas pela intensidade. Pensamos o que sentimos, e a intensidade procede dessa paixão. «O pensado é, não duvideis, o sentido», diz Unamuno. ([108]) Pensar é a viveza, a vitalidade e a paixão da vida sentida. Nesse mesmo sentido aponta Deleuze: «É verdade que, no caminho que conduz ao que falta pensar, tudo parte da sensibilidade. Do intensivo ao pensamento; é sempre por uma intensidade que o pensamento advém.» ([109])

Na periferia, a vida que ama, a vida que pensa. O pensamento que gera enquanto espera. Vida e pensamento que são penúltimos, nunca últimos. O melhor de amar é o infinitivo. Como o de pensar. Na realidade, tudo o que foi amado profundamente continua a ser amado. Pensar é como viver; pensar é viver. E por essa razão a resposta à pergunta «Para que serve pensar?» é a mesma que às perguntas «Para que serve viver?» e «Para que serve amar?».

Ser capaz de vida

Logo nos primeiros capítulos fizemos a distinção entre o mero *estar vivo* e a excecionalidade humana de *sentir-se vivendo* — possibilitada pela *plissagem do sentir* que vai da pele ao coração e do coração à pele. O percurso percorrido até aqui mostrou-nos que sentir-se viver é, ao mesmo tempo, sentir-se irmão dos que vivem, poder ampliar e intensificar a vida, poder fazê-la vibrar, poder fazer viver a vida, poder avivar. E que as paixões que fazem vibrar a vida são principalmente a do amor (cuja expressão privilegiada é a bondade) e a do pensamento. Pois bem, a esse poder de fazer

---

([107]) *Ibid.*, pp. 213–214.

([108]) Miguel de Unamuno, «Credo Poético», em *Obras Completas*, XIII, Madrid, Vergara, 1958, p. 200.

([109]) Gilles Deleuze, *Diferencia y Repetición* (tradução de María Silvia Delpy e Hugo Beccacece), Buenos Aires, Amorrortu, 2006, p. 223.

vibrar pode chamar-se *ser capaz de vida.* Sentirmo-nos viver é já início do ser capaz de vida. Por isso, viver é o caminho possível da intensificação da vida; é a *possibilidade* da vida. De estar vivo a sentir-se vivo, e de sentir-se vivo a ser capaz de vida. Quem pensa e ama não só vive como também é capaz de vida. E é justamente aí que radica a excelência do humano.

Damos por nós vivendo — entramos na vida — passivamente, e é também passivamente que dela saímos — a morte vem até nós. Mas eis que, nesse intervalo, a fidelidade à própria vida torna-nos capazes de vida.

Alguém que é capaz de vida. Acompanhando Leibniz, admitimos que é realmente admirável que haja algo em vez de nada. Mas o mistério do mundo e o mistério da vida são um só. E o mistério da vida é o mistério de alguém capaz de vida. Pelo que transferimos a questão metafísica por excelência, «Porquê, em geral, algo e não antes, pelo contrário, o nada?», para outra de formato equivalente: «Porquê, em geral, *alguém* e não antes, pelo contrário, *ninguém?*»

Alguém quer dizer alguém que não deu vida a si próprio, que não se criou a si próprio, e que, no entanto, é capaz de vida. Alguém que, sem ser *causa sui,* é capaz de pensar e de amar por si mesmo. Somos *testemunhas do acontecimento da criação.* Testemunhas por sentirmo-nos vindos à vida; testemunhas por ver outros vir ou ter vindo; e testemunhas por sermos capazes de amar e de pensar. Os infinitivos da vida também criam vida. Embora não sejamos origem absoluta, somos início, génese e generosidade.

Nem para o facto de termos vindo à vida nem para o facto de sermos capazes de vida há uma explicação causal. Não há explicação. Neste sentido, já Kant defendia que a categoria de causalidade era insuficiente e que é necessário recorrermos ao conceito de criação.([110]) A causalidade é uma categoria do conhecimento, enquanto a criação é um conceito do pensamento. O conceito limite de criação torna-se imprescindível porque a causalidade não consegue, de forma alguma, explicar *alguém capaz de vida.* Pelo acontecimento da criação, alguém capaz de vida vem à vida; um quem capaz de amar e de pensar vem à vida; um quem capaz

([110]) Immanuel Kant, *La Metafísica de las Costumbres* (§ 281) (tradução de Adela Cortina e Jesús Conill), Madrid, Tecnos, 1989, p. 102, nota.

de gerar e de ser generoso. A esperança funda-se na criação. E a esperança inclui a verdade, porque a verdade também espera.

Costuma-se dizer que tudo o que vive morre. Agora, um pouco mais rigorosamente, escreveríamos: só quem é capaz de vida é que morre. A morte faz parte do mistério da vida. O mistério da vida não é a morte, mas a vida. Começámos a viver, a amar e a pensar. A morte é a ameaça à continuidade do ser capaz de vida. O paradoxo é que esse fim, sendo absurdo, é também aquilo que dá sentido à nossa breve vida. Contudo, há algo no ser capaz de vida — a paixão do amor e do pensamento — que não casa com a morte. A paixão do pensamento e do amor é uma frase com começo, mas sem fim, como um único verso interminável. Uma frase em que toda a palavra viva é penúltima. Isso sim: uma frase com letras minúsculas. Somos muito pouco: «pobres de nós!». E, no entanto, capazes de vida! Eis aqui a dignidade.

O pensamento é tão forte como a morte, não só porque — como se diz desde Platão — é capaz pensá-la (e, portanto, de englobá-la), mas porque — como foi aqui amplamente sublinhado — é a paixão que dobra a vitalidade. A paixão do pensamento e do amor dobra a vida e projeta-a em direção ao amanhã na penultimidade. O amor e o pensamento geram, e toda a geração anseia por futuro. Será tudo isto apenas voluntarismo literário? Não me parece. Nada há de mais vivo que o pensamento e o amor. Nada de mais vivo. Nada de mais verdadeiro.

Se a verdade é o que se mostra e se sente mais fortemente, mais *vivamente*, então a verdade é a verdade da vida, e do amor e do pensamento que intensificam a vida. Já o dissemos: só uma alma comovida é capaz de verdade. Há que acrescentar: a alma comovida faz já parte da verdade. A verdade é a verdade do ser capaz de vida. Essa verdade que se revela determina a falsidade: tudo o que causa dano à vida; tudo o que a degenera; tudo o que a nega; tudo o que a debilita. Tudo o que, em vez de dar, tira; que não gera nada, mas degenera tudo: indiferença, insensibilidade, abstração.

Desde o momento da revelação da verdade — desde sempre, portanto — que o pensamento é, ao mesmo tempo que acolhimento, um diálogo connosco no sentido de evitar causar dano e degenerar. O diálogo é, sobretudo, revisão, exame, crítica de nós mesmos. Um diálogo que predispõe à melhor das obediências. A obediência à verdade da vida é a mais alta liberdade.

A espontânea obediência à verdade da vida não se expressa nem como um apego nem como uma ancoragem no lugar: expressa-se como bondade, como generosidade.

Paradoxalmente, ser capaz de vida é *desviver-se*. O facto de nos isolarmos e de nos fecharmos em nós mesmos é a maior prova de que não poderíamos estar mais longe do ser capaz de vida. Desviver-se não conduz a diminuir a vida, mas a aumentá-la. Desviver-se na paixão do pensamento e do amor. Ambas as paixões são prazerosas e difusivas; anseiam por amparar e por partilhar a vida. O pensamento e a bondade não procuram o domínio, e é justamente por recuarem perante o domínio que geram. É por isso que a geração do pensamento tem que ver com a humildade e com o recuo; com deixar espaço, com não querer abarcar tudo, nem dizer tudo, nem comer tudo. No recuo, algo advém, e isso gera. É no recuo que a cegonha chega com o conceito embrulhado no velho pano de trouxas.

Aqui, na periferia, alguém — porque só alguém pode ter um aqui.

Aqui, na periferia, quem pensa e ama, vive. Na periferia, há zonas muito áridas, onde quase nunca chove. Quando isso acontece, cada gota dá lugar a um rebento de erva. Quando uma gota cai na periferia, no deserto, dá vida, faz nascer e é geradora. Quem vai para o deserto não é um desertor, nada tem de avaro, e gera a comunidade que vive.

Aqui, na periferia, quem pensa e ama, vive. Vive mais do que tudo o mais.

Aqui, na periferia, encolhidos sobre aquilo que amamos, geramos, mas também esperamos. Não um paraíso perdido, nem uma verdade impessoal — que deixaria de ser verdade —, mas algum tipo de ternura, de calidez, de abraço.

Índice